논·술·세·계·대·표·문·학

18

트로이의 목마

김경순 엮음

H 훈민출판사

트로이의 유적

The Best World Literature

슬픔에 잠긴 헥토르의 아내 - 아킬레우스에 의해 죽임을 당한 헥토르의 주검 앞에서 어린 아들과 함께 슬퍼하고 있다.

트로이 유적 입구에 세워진 목마

멀리서 바라본 포세이돈 신전

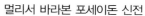

파르테논 신전

아킬레우스와 친구 브리세이스

아킬레우스 상

그리스의 아카데미

무기를 건네주는 테티스 – 트로이 전장에 나가는 아들 아킬레우스에게 헤파이스토스가 만들어 준 무기를 건네주고 있다.

The Best World Literature

파리스의 심판 – 파리스가 '가장 아름다운 여신은 누구인가?' 라고 씌어진 사과를 헤라, 아테나, 아프로디테 앞에서 들어 보이고 있다.

구인환(丘仁煥)

서울대학교 사범대학 졸업. 동 대학원 졸업(문학박사)
서울대학교 명예교수, 소설가(현). 서울대학교 사범대학 국어교육연구소 소장(현)
문학과문학교육연구소 소장(현). 국제펜 한국본부 부회장(현)
한국소설문학상(1987). 예술문화대상(1994). 한국문학상(2000)
작품 〈숨쉬는 영정〉, 〈살아 있는 날들〉, 〈일어서는 산〉 외 다수

• **저서** 《한국단편소설의 이해》, 《한국현대소설의 비평적 성찰》,
　　《고교생이 알아야 할 소설》, 《고교생이 알아야 할 세계단편소설》 외 다수

윤병로(尹柄魯)

성균관대학교 국어국문학과 졸업. 동 대학원 졸업(문학박사)
성균관대학교 교수, 문학평론가(현). 한국현대소설학회장(현)
한국문예학술저작권협회 이사(현). 한국간행물윤리위원회 위원(현)
한국펜 문학상(1987). 한국문학상(1988). 대한민국문학상(1989)
수필집 《나의 작은 애인들》 외 다수

• **저서** 《현대 작가론》, 《한국 현대 소설의 탐구》,
　　《한국 근대 작가 작품 연구》, 《한국 현대 작가의 문제작 평설》 외 다수

홍성암(洪性岩)

고려대학교 국어국문학과 졸업. 한양대학교 대학원 국어국문학과 졸업(문학박사)
동덕여자대학교 교수, 소설가(현). 한국문인협회 회원(현)
한국소설가협회 이사(현). 국제펜 한국본부 소설분과 이사(현). 한민족 문화학회 회장(현)
창작집 《큰 물로 가는 큰 고기》, 《어떤 귀향》 외
대하역사소설 《남한산성》 (전9권) 외 다수

• **저서** 《문학의 이해》, 《현대 작가론》, 《한국 근대 역사소설 연구》 외 다수

아마존의 여왕을 죽이는 아킬레우스

논술 *세계대표문학*을 펴내며

21세기의 사회는 **'전자 문명 시대'**라 일컬어질 만큼 오늘날 전자 산업은 우리 생활의 거의 모든 분야에 다양하게 응용되고 있습니다. 출판 분야 또한 예외는 아니어서, 종래의 서책(Book) 대신에 이른바 '전자책(CD-ROM)'의 출간이 최근 들어 날로 증가하고 있습니다.

그러나 이러한 전자책은 영상 또는 모니터상으로 흥미 위주나 백과사전식 지식을 습득하는 데는 효과적일지 모르지만, 문학 공부를 위해서는 별로 도움이 되지 않습니다. 바꾸어 말하면, 문학 공부는 각 지면마다 살아 숨쉬는 표현 하나하나를 독자 자신의 머리로 음미하면서 작품을 읽어 나가는 가운데, 풍부한 상상력의 배양과 함께 작가의 의도와 그 작품의 내면을 깊이 있게 이해함으로써 이루어지는 것입니다.

이에 훈민출판사에서는, 자라나는 학생들이 범람하는 영상 매체에 길들여지기 전에, 어려서부터 유명한 세계문학 작품들을 책자를 통하여 감명 깊게 읽고 감상함으로써, 올바른 문학 공부의 기틀을 다지고, 아울러 전인 교육도 할 수 있도록 《논술 세계대표문학(전60권)》을 펴내게 되었습니다.

작품 선정은, 초·중·고등학교 국어 교과서와 역사 교과서에 실리거나 소개된 문학 작품을 중심으로 하되, 그리스 신화와 성경 이야기 등의 고전에서부터 중세·근대·현대에 이르기까지 세르반테스·셰익스피어·톨스토이 등 세계 유명 작가들의 장·단편 소설들을 엄선·수록하였습니다. 또 세계의 명시도 별권으로 엮었으며, 특히 각 단락마다 **'논술 문제'**를 제시하여, 장차 대학입시를 비롯한 각종 '논술 고사'에 예비 지식을 쌓을 수 있도록 배려하였습니다. 아무쪼록, 이 《논술 세계대표문학(전60권)》이 자라나는 학생들에게 문학 공부의 주춧돌이 되고, 나아가 미래를 살아가는 데 **정신적 자양분**이 되기를 진심으로 바라 마지않습니다.

훈민출판사

차례

트로이의 목마

트로이의 목마

트로이의 건설

어느 해, 크레타 섬에는 심한 가뭄이 계속되었다. 2년 동안 비가 내리지 않아서 사람들은 굶주림에 고통받고 있었다.

"다른 곳으로 갑시다. 이대로 지내다가는 우리 모두 죽고 말 것입니다."

오케아노스 신의 아들 스카이만드로스는 사람들을 이끌고 새로운 땅을 찾아 떠나기로 했다.

얼마 후, 그들은 헬레스폰토스 해협에 도착했다.

"이곳에서 새롭게 시작합시다. 자, 어서 내려요! 제단을 쌓고 제우스 신께 제물을 바칩시다!"

스카이만드로스는 첫 번째 왕이 되어서 사람들을 보살폈다. 그는 강의 신이 되었는데, 스카이만드로스 강은 언제나 마르지 않고 땅을 적셔 주었다. 그래서 사람들은 가뭄과 배고픔에 시달리지 않게 되었다. 강의 신은 다른 신들에게는 크산토스라고 불렸지만, 사람들에게는 영원히 스카이만드로스(나라의 왕)라는 이름으로 기억되었다.

트로이 왕가의 시조는 다르다노스라는 사람이었다. 그의 아버지는 제우스 신이었고, 어머니는 아틀라스의 딸 엘렉트라였다. 그는 다르다니아라는 나라를 세워서 유럽과 아시아를 다스렸다고 한다.

　그는 훗날, 그의 후손이 트로이를 세우게 되는 아테 언덕에 도시를 세우려고 했었다. 그런데 그는 '아테 언덕 위에 세우는 도시의 성벽 안에 사는 사람들은 고통을 당하게 될 것이다.' 라는 신탁을 듣게 되었다. 그래서 그는 다른 곳에 도시를 세웠던 것이다.

　트로이는 트로스의 아들 일로스와, 다르다노스의 손자에 의해서 건설되었다.

　어느 날, 일로스는 프리기아에서 열린 경기에 참가했다. 그는 모든 경기에서 뛰어난 실력을 보여서, 승리의 월계관을 받게 되었다.

　"정말 훌륭한 젊은이로구나!"

　프리기아의 왕은 몹시 흐뭇해하며, 일로스에게 청년 50명과 처녀 50명을 상으로 내려 주었다. 그리고 얼룩무늬 황소도 한 마리 주었다.

　"이 황소를 따라가 보거라. 이 소가 멈추는 곳이, 네가 도시를 세워야
　할 곳이다."

　일로스는 상으로 받은 사람들과 함께 황소를 따라갔다. 황소는 쉬지 않고 길을 가더니, 한 언덕에 이르자 지쳐 쓰러져 버렸다. 그 곳은 바로 아테 언덕이었다.

　'이 곳에 도시를 세워야 한다는 말인가?'

　일로스는 한동안 멍하니 서 있기만 했다.

　'이 곳에 도시를 세우면 사람들이 고통받는다고 했는데…….그래도 이 곳에 세워야 하나? 아니면 다른 곳에 세워야 하나?'

　일로스는 신탁에 대해서 곰곰이 생각해 보았다.

　'그래, 성벽 안에 사는 사람들이 고통을 받는다고 했으니까, 성벽을 세우지 않으면 돼. 그리고 사람의 집을 보호해 주시는 아테나 여신을

모시는 거야. 그러면 우리를 돌봐 주시겠지.'

일로스는 아테나에게 기도를 올리고, 도시를 세우기 시작했다.

일로스는 곡괭이를 들고 땅을 팠다. 그런데 그 때 이상한 일이 벌어졌다. 일로스가 판 땅 안에서 나무 조각상이 하나 나온 것이었다. 그 조각상은 오른손에는 창, 왼손에는 실패를 들고 있었다.

일로스는 조각상이 나온 뜻을 자세히 알고 싶어서, 신탁을 들어 보았다.

그것은 팔라스의 조각상이었다. 팔라스는 아테나와 전쟁놀이를 하다가, 아테나가 던진 창에 맞아서 죽고 말았다.

그 후, 아테나는 팔라스를 기리기 위해 조각상을 만들고, 팔라스의 이름 옆에 자기의 이름을 새겨 넣었다.

일로스는 신탁에서 중요한 내용을 알 수 있었다. 아테나가 새로 건설된 일로스의 도시를 지켜 주기로 했다는 것과, 팔라스의 조각상을 잃어버리면 도시가 무너진다는 것이었다.

팔라스의 조각상은 팔라디온이라고 불렀다.

도시가 완성되자, 일로스는 아버지 트로스를 영원히 기억하기 위해서 도시의 이름을 '트로이'라고 지었다. 트로이는 일로스의 이름을 따서 '일리움'이라고 불리기도 한다.

일로스는 아크로폴리스 언덕에 궁전을 짓고, 가장 높은 곳에는 아테나 신전을 세웠다. 그리고 신전 안에는 팔라디온을 놓았다.

일로스가 세상을 떠나자, 아들 라오메돈이 트로이의 왕이 되었다. 제우스 신은 라오메돈을 무척 사랑했다.

"아폴론, 포세이돈! 트로이가 어떤 공격에도 무사할 수 있도록 튼튼한 성벽을 쌓아 주시오."

그렇게 해서 성벽이 세워졌는데, 라오메돈은 신들에게 감사하는 마음을 조금도 갖지 않았다. 신들에게 바치겠다고 약속한 제물도 바치지 않았다.

결국 그는, 괴물에게 잡아먹힐 뻔한 딸 헤시오네를 구해 준 헤라클레스에게 감사할 줄 모르다가, 트로이를 공격해 온 헤라클레스의 손에 죽고 말았다.

헤라클레스는 자신을 도와준 텔라몬에게 헤시오네를 주었다. 헤시오네는 텔라몬과 결혼하기 위해 살라미스로 떠나게 되었다.

"헤라클레스님, 부탁이 하나 있습니다. 제 오빠 포다르케스를 놓아 주세요."

헤시오네는 자신의 베일을 내놓으며 간절하게 부탁했다. 헤라클레스는 포다르케스를 놓아주고, 트로이의 왕으로 삼았다.

그 후, 포다르케스는 프리아모스(풀려난 사람)라고 불리게 되었다. 프리아모스 왕은, 항상 누이 헤시오네에게 감사하는 마음을 잊지 않았다.

프리아모스 왕에게는 아들 50명, 딸 12명이 있었다. 맏아들은 트로이군 중 가장 용감한 헥토르였고, 둘째 아들은 트로이 멸망의 원인이 된 파리스였다.

버림받은 왕자 파리스

어느 날 밤, 트로이의 왕비 헤카베는 이상한 꿈을 꾸었다. 트로이 시전체가 불길에 휩싸이는 꿈이었다. 헤카베는 몹시 놀라 잠에서 깨어났다.

'이게 무슨 꿈이지? 아, 불안해.'

헤카베는 프리아모스 왕에게 꿈 이야기를 했다. 프리아모스 왕은 신탁을 들어 보기로 했다. 신탁을 들은 왕과 왕비는 너무 놀라 입을 다물 수가 없었다.

'곧 태어날 아기는 엄청난 전쟁의 원인이 될 것이다. 도시를 구하고 싶으면 아기를 죽여라!'

프리아모스 왕은 고민에 빠졌다.

'아기를 살리면 백성들이 죽고, 백성들을 살리면 아기가 죽는다. 어 떻게 해야 할까?'

곧 헤카베는 사내아이를 낳았다.

"제게서 아기를 빼앗지 말아 주세요."

헤카베는 눈물을 흘리며 프리아모스에게 애원했다. 하지만 프리아모 스는 아이를 죽이기로 결심했다. 그는 양치기 아게라오스를 불렀다.

"아게라오스, 아 아기를 깊은 산 속으로 데려가서 죽이도록 해라."

아게라오스는 아기를 품에 안고 산으로 갔다.

"이렇게 어린 아기를 어떻게 죽인단 말인가?"

아게라오스는 아기를 죽이지 못하고, 이다 산의 깊은 숲 속에 버려 두었다. 그렇지만, 아기의 맑은 눈빛이 떠올라서 잠을 이룰 수가 없었 다. 아기 걱정으로 아무 일도 할 수 없었던 아게라오스는, 아기를 버렸 던 곳으로 가 보았다.

"아니, 이럴 수가!"

그 곳에서 아게라오스는 놀라운 광경을 목격할 수 있었다. 곰이 아기 에게 젖을 물리고 있었던 것이다. 아게라오스는 아기를 신이 보호한다 고 믿게 되었다. 그래서 그는 아기를 자신의 집으로 데려와서 키웠다.

아게라오스는 아기를 바구니에 넣어 두었는데, 그래서 아기의 이름은 자연스럽게 파리스(바구니)가 되었다.

파리스가 어렸을 때, 아게라오스는 소떼를 잃어버린 적이 있었다.

"아버지, 제가 꼭 찾아올 테니까 걱정 마세요!"

큰소리를 치고 나간 파리스는 얼마 후, 소 도둑에게서 잃어버린 소떼를 찾아왔다. 그 때부터 파리스에게는 알렉산드로스(씩씩한 보호자)라는 이름이 하나 더 붙게 되었다.

자라서 청년이 된 파리스는 아버지를 따라 양치기가 되었다. 그는 양떼를 몰고 산기슭을 돌아다니곤 했다. 어느 날, 님프 오이노네는 파리스의 모습을 보고 사랑에 빠졌다. 둘은 곧 가까워졌고, 어디를 가든지 함께 다녔다.

그렇지만 파리스에게 오이노네는 친구일 뿐이었다. 그 사실을 알고 있었던 오이노네는 늘 마음이 아팠다. 파리스가 언젠가는 자신의 곁을 떠날 것이고, 또 크나큰 불행을 당하게 될 것을 알았기 때문이었다.

"파리스, 나는 언제까지나 당신을 기다릴 거예요. 만약 상처를 입게 되는 일이 생긴다면 내게로 와요. 오직 나만이 당신을 치료할 수 있으니까요."

"그게 무슨 말이야? 내가 왜 상처를 입어? 그럴 일은 생기지 않을 테니까 걱정 마!"

파리스는 그저 오이노네와 함께 한가로이 지내는 나날만을 생각할 뿐이었다. 파리스는 황소들에게 싸움을 시키는 것을 좋아했다. 그러던 중 항상 이기는 황소 한 마리를 가려낼 수 있었다.

파리스는 정성을 다해 이 황소를 보살피곤 했다.

에리스의 황금 사과

테티스라는 바다의 여신이 있었다. 테티스의 아름다움에 반한 신들은 테티스와 결혼하려고 서로 다투기까지 했다.

어느 날, 앞을 내다볼 줄 아는 프로메테우스가 말했다.

"테티스 여신이 낳는 아들은 그 아버지보다 훌륭해질 것입니다."

이 말이 알려지자, 신들은 테티스와의 결혼을 피했다. 누군가가 나타나서 테티스와 결혼해 주기를 바랄 뿐이었다.

신들은 모두 모여 회의를 열었다.

"테티스를 이대로 둘 수는 없지 않겠소? 우리와 테티스가 결혼을 할 수는 없으니 인간과 결혼시키는 것이 어떻겠소?"

"좋은 생각이네요. 인간과 결혼을 하면, 우리에게는 아무 영향도 없겠지요?"

신들은 펠레우스 왕자를 테티스의 남편으로 정했다.

"케이론, 둘의 결혼을 잘 성사시키도록 하여라."

반은 사람이고 반은 말의 모습을 한 케이론은, 둘을 만나게 해 주었다. 펠레우스는 테티스의 기분을 맞추려고 애썼지만, 테티스는 금방 토라지고 화를 내곤 했다.

그녀는 때로는 불덩어리로 변하고, 때로는 사나운 짐승으로 변해서 펠레우스를 괴롭혔다.

"케이론, 저는 이 결혼 못하겠습니다. 테티스는 저를 싫어한다고요!"

펠레우스는 케이론을 찾아가 하소연했다.

"펠레우스, 조금만 참아요. 내가 도와줄게."

펠레우스와 테티스는 케이론 덕분에 간신히 결혼을 하게 되었다. 펠레우스와 테티스의 결혼식날이었다. 아름다운 신랑 신부의 결혼식은 케이론의 동굴 밖에서 열렸다.

많은 신들이 참석해서 둘의 결혼을 축복해 주었다. 단 한 신만 제외하고 말이다. 제우스는 불화의 여신 에리스를 결혼식에 참석하지 못하게 했다. 에리스가 결혼식을 망칠까 봐 걱정되었기 때문이다.

아폴론은 리라를 연주하고, 뮤즈들은 아름다운 시를 읊었다. 운명의 여신 모이라이는 신랑 신부 사이에서 태어날 위대한 영웅에 대해서 노래했다. 결혼식은 이렇게 즐거운 분위기 속에서 진행되었다.

다음 날, 신들은 모두 신랑 신부가 잠든 궁전 앞에 선물을 놓아 주었다. 신들은 함께 황금 갑옷을 준비했고, 포세이돈은 사람처럼 말을 할 수 있는 말 두 마리, 케이론은 펠레우스만이 들 수 있는 백양나무 창을 선물했다. 헤파이스토스는 직접 만든 칼과 창을, 아테나는 철갑과 투구와 창을 선물했다.

결혼식이 끝날 무렵, 헤라, 아프로디테, 아테나는 황금 사과 한 개를 발견했다. 옆에 있던 펠레우스가 얼른 사과를 집어 들었다.

"'가장 아름다운 여신에게'라고 적혀 있는데요?"

그러자 헤라가 얼른 말했다.

"그럼 내 사과네!"

"무슨 말씀이세요? 제 사과에요."

아테나가 얼른 헤라 앞을 막았다.

"두 분 다 그만두세요. 가장 아름다운 여신은 바로 나, 아프로디테라고요!"

세 여신은 쉽게 결론을 내릴 수가 없었다. 그들은 제우스에게 가서 대답을 듣기로 했다. 제우스는 몹시 난처했다. 그 때, 제우스의 눈에 양을 치고 있는 파리스가 들어왔다.

"가장 아름다운 여신을 뽑는 일은, 가장 아름다운 남자에게 맡기도록 합시다. 저기 이다 산에 있는 파리스가 인간 중에서는 가장 잘생겼으니 그에게 가 보도록 하시오."

제우스는 헤르메스를 불러 파리스에게 가서, 세 여신 중 누구에게 황금 사과를 주어야 할지 결정하라고 했다.

파리스의 재판

헤르메스는 세 여신과 함께 파리스에게로 갔다.

"파리스, 제우스님의 명령을 전하러 왔다. 이 세 여신 중에서 가장 아름다운 여신에게 이 황금 사과를 주도록 하거라."

"네? 세 분 모두 아름답습니다. 누가 더 낫다고 이야기할 수 없을 정도입니다."

"반드시 한 분만을 선택해야 한다. 깊이 생각하고 결정하기 바란다."

헤라가 먼저 파리스에게 다가가서 자신의 아름다움을 뽐냈다.

"파리스, 나를 잘 보거라. 내가 가장 아름답지 않니? 나에게 황금 사과를 준다면 너를 온 세계를 다스릴 수 있도록 하고, 최고의 부자로 만들어 줄게."

"괜찮습니다. 저는 지금의 제 생활에 만족하니까요."

그 다음 아테나가 파리스의 앞으로 다가갔다.

"나에게 사과를 주면, 네가 전쟁에 나갈 때마다 이기도록 해 줄게. 그리고 지혜롭게 만들어 줄게."

"저는 전쟁을 좋아하지 않습니다. 그리고 우리 트로이는 평화로운 나라이기 때문에 전쟁이 일어날 일도 없습니다."

마지막으로 아프로디테가 말했다.

"파리스, 내 말을 잘 들어. 나는 너에게 어울릴 신붓감을 마련해 두었어. 너처럼 잘생긴 사람에게는, 나처럼 아름다운 사람이 어울리지 않겠니? 너의 신부는 바로 헬레네란다. 헬레네의 아름다움에 대해서 들어본 적이 있지?"

"아니오, 들은 적이 없는데요."

"헬레네는 제우스 신과 레다 사이에서 태어났단다. 그 애가 얼마나 아름다운가 하면, 그 애가 어렸을 때에 이미 아테네와 스파르타 사이에 전쟁이 일어났을 정도야. 그리스의 젊은 왕자들이 모두 헬레네와 결혼하고 싶어했지만, 헬레네는 그 중에서 스파르타의 메넬라오스 왕을 선택했단다. 그렇지만 네가 원한다면, 언제든지 너의 신부로 데려갈 수 있어. 자, 이제 황금 사과를 나에게 주렴."

파리스는 생각에 잠겼다.

'평범한 양치기인 내가 제우스 신의 딸과 결혼할 수 있다고?'

파리스는 곧 마음을 정할 수 있었다.

"결정했습니다. 가장 아름다운 여신은 바로 아프로디테 여신입니다. 이 사과를 받으십시오."

아프로디테는 생긋 웃으며 황금 사과를 받았다. 그 때부터 파리스는 헤라, 아테나 여신과 적이 될 수밖에 없었다.

트로이에 내려진 저주가 시작되는 순간이었다.

트로이의 왕자 파리스

얼마 후, 트로이의 병사 몇 명이 파리스가 있는 산으로 황소를 고르러 왔다. 죽은 왕자의 넋을 기리기 위해 운동 경기가 열리는데, 그 상으로 황소를 주는 것이었다.

병사들은 파리스가 가장 아끼는 황소를 끌고 갔다. 파리스는 황소를 되찾기 위해서, 자신도 운동 경기에 나가기로 했다.

"아버지, 제가 꼭 황소를 되찾아 오겠습니다."

"양치기가 그런 경기에 어떻게 나간다는 거냐? 나갈 생각은 하지도 말아라."

아게라오스의 만류에도 불구하고, 파리스는 운동 경기장으로 달려갔다.

'반드시 우승을 해서 내 황소를 찾을 거야.'

파리스는 굳게 마음을 먹고 경기에 참여했다.

첫 번째 경기는 레슬링이었다. 파리스는 프리아모스 왕의 왕자와 맞붙어서 가볍게 이겼다. 두 번째 달리기에서도 파리스는 제 실력을 마음껏 발휘했다. 그리고 그 다음 경기에서도 왕자들은 파리스를 누르지 못했다.

"천한 양치기 주제에 우리를 이겨? 분명히 속임수를 썼을 거야."

화가 난 왕자들은 파리스에게 달려들어 그를 죽이려고 했다.

파리스는 재빨리 제우스의 제단으로 몸을 피했다. 일이 심각해지자, 아게라오스는 프리아모스 왕과 헤카베 왕비에게 다가가 무릎을 꿇고 말했다.

"모두 제 잘못 때문입니다. 이 아이를 잘 보십시오. 이 아이는 바로 왕께서 제게 죽이라고 하셨던 그 아기입니다. 오늘 열리는 운동 경기는 모두 이 아이의 넋을 기리기 위한 것이지요. 저는 이 아이를 죽일 수 없어서 왕의 명령에 따르지 않고, 몰래 키웠습니다. 용서해 주십시오."

프리아모스 왕은 놀라서 물었다.

"네 말을 어떻게 믿는단 말이냐?"

"이 딸랑이를 보십시오. 그 때 아기가 들고 있던 것입니다."

딸랑이를 본 헤카베 왕비는 기뻐서 어쩔 줄을 몰랐다. 그것은 프리아모스 왕도 마찬가지였다.

"죽은 줄로만 알았던 아들이 살아 돌아왔군요. 하하하!"

그 소식을 들은 아폴론 신전의 신관들이 달려왔다.

"이 아이를 죽여야 합니다! 그렇지 않으면 트로이는 무너지고 말 것입니다."

"차라리 트로이를 포기하면 했지, 아들을 두 번 죽일 수는 없습니다."

프리아모스 왕의 뜻은 누구도 꺾을 수 없었다. 그 날부터 파리스는 트로이의 왕자로서 새 삶을 시작하게 되었다.

어느 날, 헬레네의 남편 메넬라오스가 트로이를 찾아왔다.

"저를 도와주십시오. 저는 헤라클레스가 트로이를 정복했을 때, 죽은 스파르타 영웅 두 명의 유골을 찾아오라는 신탁을 받고 왔습니다."

파리스는 메넬라오스를 반갑게 맞아 주었다. 헬레네를 데려오려면 메넬라오스를 잘 알아야 했기 때문이었다. 파리스는 유골 찾는 일에 발벗고 나섰다. 파리스 덕분에 메넬라오스는 일을 쉽게 마치고 돌아갈 수 있었다.

"파리스 왕자, 정말 고맙습니다. 언제든 스파르타를 찾아 주십시오. 제게도 이 은혜를 갚을 기회를 주시겠지요?"

"그럼요! 꼭 스파르타에 가겠습니다."

파리스는 기다렸다는 듯이 얼른 대답했다.

메넬라오스는 친절한 파리스에 대해 좋은 추억을 가지고 스파르타로 돌아갔다.

얼마 후, 프리아모스 왕은 살라미스로 사람을 보내기로 했다. 헤라클레스가 트로이를 침략했을 때 텔라몬이 데려간 누이동생 헤시오네를 데려오기 위해서였다.

"나이가 드니 더욱더 헤시오네가 보고 싶구나."

"아버지, 제가 꼭 고모님을 모셔 오겠습니다."

프리아모스는 곧 배와, 살라미스의 왕에게 줄 선물을 준비했다. 파리스는 함께 떠날 용사들을 뽑았다.

'이제 내게도 기회가 오는구나. 헬레네, 기다려요!'

함대가 떠나는 날이 되었다. 모두들 들뜬 표정으로 함대를 배웅했지만, 단 한 사람 카산드라 공주는 그렇지 못했다.

'막아야 해. 파리스가 떠나면 무서운 일이 닥칠 거야.'

카산드라에게는 앞일을 내다볼 수 있는 힘이 있었던 것이다. 카산드라는 프리아모스 왕 앞에 나아가서, 파리스를 보내지 말라고 외쳤다. 하지만 프리아모스 왕은 그녀의 말을 믿지 않았다.

어느 날, 아폴론은 카산드라를 보고 한눈에 반하게 되었다. 그래서 아폴론은 카산드라에게 자신의 사랑을 받아 준다면, 예언을 할 수 있게 해 주겠다고 제안했다.

　카산드라는 그의 제안을 받아들였지만, 막상 그의 사랑을 받기가 부담스러웠다. 그래서 그녀는 아폴론의 마음을 거절하고 말았다. 아폴론은 깊이 상심하며 복수를 다짐했다.

　그는 카산드라에게는 자신의 감정을 드러내지 않고, 마지막으로 입맞춤이라도 해 달라고 했다. 그러자 카산드라는 아무런 의심도 않고 그에게 입술을 내밀었다. 아폴론은 카산드라의 입 속에 침을 뱉었다.

　아폴론이 침을 뱉은 후로, 아무도 카산드라의 예언을 믿지 않게 되었다. 만약에 그녀의 예언을 믿었더라면, 트로이는 무너지지 않았을지도 모른다.

아름다운 여인 헬레네

　메넬라오스가 왕이 되기 전에 스파르타의 왕은 틴다레오스였다. 그에게는 아름다운 왕비 레다가 있었다.

　두 사람 사이에 아기가 태어나던 날이었다. 믿을 수 없는 일이 일어나고 말았다. 공주를 낳은 레다가 알 두 개를 더 낳은 것이었다.

　'어떻게 이런 일이 일어날 수 있지?'

　틴다레오스는 아폴론 신전으로 달려가서 신탁을 들어 보았다.

　"잘 들어라. 레다는 너뿐만이 아니라, 백조로 변한 제우스 신의 사랑도 받았다. 그래서 레다가 알을 낳은 것이다. 두 개의 알 중, 한 개에서는 아름다운 딸이 태어날 것이고, 다른 한 개에서는 영웅이 될 두 아들이 태어날 것이다. 너는 제우스 신의 세 자녀를 맡게 되었으니, 네 딸을 키우는 것만큼 정성을 다하도록 하여라. 그리고 한 가지 명심할 것이 있다. 제우스 신의 딸이 결혼할 때가 되면, 더욱더 주의해서 남편감을 구해야 할 것이다. 그 아이의 아름다움 때문에 전쟁이 일어날 것이기 때문이다."

이 딸이 바로 헬레네였으며, 두 아들은 카스토르와 폴리데우케스였다. 틴다레오스는 먼저 태어난 자신의 딸 클리타임네스트라와 똑같은 사랑을 헬레네에게 쏟았다.

헬레네가 자라면서 아름다움은 점점 빛을 더해갔다. 열두 살 때에는 테세우스가 그녀를 납치해서, 스파르타와 아테네 사이에 전쟁이 일어나기도 했다.

이제 헬레네가 결혼할 때가 되었다. 그리스의 왕자들은 귀한 보물을 가지고, 헬레네에게 청혼하려고 모여들었다. 틴다레오스는 쉽게 딸의 남편감을 정할 수 없었다. 그의 머릿속에는 늘 신탁이 따라다녔기 때문이었다.

구혼자들 중에는 오디세우스도 있었다. 그는 헬레네와의 결혼을 간절하게 원하지는 않았다.

'음, 누가 헬레네를 차지하게 될까? 아마 메넬라오스가 되겠지? 그는 부자인데다가 미남이니까. 게다가 막강한 아가멤논 왕을 형으로 두기까지 했어. 그리고 헬레네는 메넬라오스를 좋아하는 것 같아.'

오디세우스는 틴다레오스를 찾아갔다.

"드릴 말씀이 있습니다. 저를 도와주신다면 임금님의 고민을 해결해 드리겠습니다. 저는 임금님의 조카인 페넬로페와 결혼하고 싶습니다. 그렇게 될 수 있도록 힘써 주신다면, 빠른 시일 내에 헬레네 공주의 남편감을 정할 수 있게 도와드리겠습니다."

"좋소. 내 짐을 덜어 줘서 고맙소."

곧 오디세우스는 구혼자들을 불러 모았다.

"자, 내 말을 좀 들어 보시오. 우리가 이렇게 다투는 것은 임금님께

폐만 끼치는 일입니다. 헬레네 공주가 직접 남편감을 고르도록 하는 것이 어떻겠습니까? 그리고 우리는 신사답게 그 결정에 따르는 것입니다. 그리고 행복하게 살 수 있도록 지켜 줍시다. 누가 헬레네를 빼앗아 가려고 하면, 우리들이 보호해 줍시다. 내 생각이 어떻습니까?"

구혼자들은 모두 오디세우스의 말에 찬성했다. 그들은 말을 잡아서 희생물로 바치고, 피가 흐르는 그 살에 오른손을 대고 맹세했다. 헬레네를 지키겠다고…….

오디세우스의 예상대로 헬레네는 메넬라오스를 남편으로 선택했다.

결혼 후, 메넬라오스는 스파르타의 왕이 되었다. 둘은 딸 헤르미오네를 낳고, 행복한 나날을 보냈다.

파리스와 헬레네

얼마 후, 파리스의 함대는 스파르타에 도착했다.

"어서 오십시오. 멀리까지 오시느라 고생하셨습니다."

메넬라오스는 무척 기뻐하며 파리스를 맞았다. 그 옆에는 아름다운 왕비 헬레네가 자리를 지키고 있었다.

'듣던 대로 무척 아름답구나.'

파리스의 가슴은 헬레네에 대한 사랑으로 터질 것만 같았다. 그것은 헬레네도 마찬가지였다. 아프로디테의 아들 에로스가 그녀에게 화살을 쏘았던 것이다.

파리스와 헬레네는 금세 가까워질 수 있었다.

"헬레네, 내가 스파르타에 온 이유는 바로 당신 때문이에요. 당신을 아내로 맞이하기 위해서 왔답니다. 나와 함께 떠나 주겠어요?"

"물론이에요. 저는 하루 종일 당신 생각밖에 할 수가 없는걸요."

헬레네의 머릿속에는 남편 메넬라오스도, 딸 헤르미오네도, 그녀를 아끼는 백성들도 없었다. 오직 파리스 한 사람뿐이었다.

메넬라오스는 9일 동안이나 파리스 일행을 극진히 대접했다. 파리스와 헬레네가 무슨 마음을 먹고 있는지도 모르고 말이다.

열흘째 되던 날, 메넬라오스는 할아버지가 돌아가셔서 잠시 자리를 비워야 했다.

"내가 없는 동안 손님들을 잘 대접하시오."

메넬라오스는 헬레네에게 신신당부를 하고 길을 떠났다.

"이제 우리도 떠납시다!"

헬레네는 그녀를 잘 따르는 노예 두 명과 보물을 챙겨서 궁전을 빠져나왔다. 헬레네는 메넬라오스의 보물함까지 열어서 보물을 모두 가져왔다. 두 사람은 배를 타고 트로이를 향해 출발했다. 그러나 두 사람의 항해는 순탄하지 못했다. 바람이 거꾸로 불어서 배가 자꾸만 키프로스 쪽으로 가곤 했다.

"우리, 날씨가 좋아질 때까지 기다리도록 합시다."

파리스와 헬레네는 이집트에 머물며, 순풍이 불어오기를 기다렸다. 한편으로는 메넬라오스가 뒤따라올까 봐 두렵기도 했기 때문이었다.

결국 두 사람은 몇 달이 지난 후에야 트로이에 도착할 수 있었다.

"이제야 우리의 보금자리에 도착했군요. 당신을 이 세상에서 가장 행복한 사람으로 만들어 주겠소."

"지금도 충분히 행복해요, 파리스!"

앞으로 닥칠 불행은 알지 못한 채, 파리스와 헬레네는 그 순간만을 생각할 뿐이었다.

시작된 트로이 전쟁

헬레네가 떠난 사실을 알게 된 메넬라오스는, 형 아가멤논을 찾아갔다.

"형님, 파리스를 그대로 둘 수 없습니다. 그리고 헬레네를 되찾아와야 합니다. 도와주십시오!"

"좋다! 전쟁이다, 전쟁!"

전쟁을 결심한 두 형제는, 그리스의 왕들 중에서 가장 나이가 많고 지혜로운 네스토르를 찾아갔다.

"저도 전쟁에 찬성합니다. 헬레네를 빼앗기면 돕겠다던 왕들에게 도움을 청하십시오. 그리고 다른 도시의 왕들에게도 찾아가 보십시오."

두 형제는 전쟁 준비를 서둘렀다. 말의 피 앞에서 맹세했던 구혼자들을 불러 모으고, 다른 왕들에게도 도움을 청했다. 대부분의 왕들은 적극적으로 참여했지만, 그렇지 않은 왕들도 있었다.

"이 전쟁에서 이기면 메넬라오스 왕은 왕비를 되찾겠지만, 우리가 얻는 것은 무엇이란 말이오?"

그러자 메넬라오스가 말했다.

"프리아모스 왕의 보물에 대해서 들은 적이 없소? 그 보물을 차지하게 되면, 어떻게 될지 생각해 보시오! 그런데도 얻을 것이 없단 말이오?"

그런데 여전히 전쟁에 나가고 싶지 않아하는 왕이 있었다. 그는 구혼자들을 말의 피 앞에서 맹세하게 했던 오디세우스였다.

오디세우스는 페넬로페와 결혼해서 행복하게 살고 있었기 때문에, 전쟁에 대해서는 관심도 갖지 않았다.

오디세우스는 꾀가 많고 약삭빠르기도 했다. 그는 겉으로 드러난 아름다움만을 찾는 것은 어리석은 짓이라고 생각했다. 그래서 자신의 아내로는 페넬로페 정도면 충분하다고 생각했다. 페넬로페가 자신과 결혼하면, 영원히 자신만을 바라보며 살 것이라고 믿었기 때문이었다.

오디세우스가 페넬로페를 얻는 일은 쉽지 않았다. 페넬로페의 아버지 이카리오스는 딸의 남편감을 찾기 위한 경기를 열었다. 오디세우스는 이 경기에서 교묘한 술수를 부렸는데, 틴다레오스는 약속대로 오디세우스의 편이 되어 주었다.

덕분에 오디세우스는 페넬로페와 결혼할 수 있었다. 두 사람은 아들 텔레마코스를 낳고, 고향 이타케를 다스리며 행복하게 지냈다. 그런 때에 파리스가 헬레네를 데려간 것이다.

'내가 왜 그런 전쟁에 나가야 하지? 아내를 빼앗긴 메넬라오스를 위해서?'

고민하던 오디세우스는 자신이 트로이에 가면 어떻게 될지 점을 쳐 보았다.

"만약 트로이로 가신다면 20년 후에나 돌아오실 수 있습니다. 그것도 알아볼 수 없는 모습으로, 다른 동료들이 모두 죽은 후에 말입니다."

오디세우스는 미친 척하기로 했다. 그렇게 하면 전쟁에 나가지 않아도 될 것이라고 생각했기 때문이었다.

곧 그리스에는 오디세우스가 미쳤다는 소문이 떠돌았다. 하지만 나오플리오스의 아들 팔라메데스는 그 사실을 믿지 않았다.

'무슨 꿍꿍이가 있는 것이 분명해.'

팔라메데스는 메넬라오스와 아가멤논을 찾아갔다.

"그는 절대로 미치지 않았습니다. 가서 오디세우스를 데려옵시다."

오디세우스를 찾아간 세 사람은 놀라운 광경을 보게 되었다. 오디세우스가 나귀와 황소를 한 쟁기에 매어서 밭을 갈고 있었다. 그리고 땅에 씨앗 대신 소금을 뿌렸다.

팔라메데스는 그를 시험해 보기로 했다. 팔라메데스는 오디세우스의 아들 텔레마코스를 쟁기 앞에 놓았다. 그러자 오디세우스는 텔레마코스가 다칠까 봐 쟁기를 옆으로 치워 버렸다.

"하하하, 오디세우스! 그 동안 미친 사람 행세를 하느라고 수고했소. 이제 우리와 함께 갑시다!"

"좋소. 이왕 이렇게 된 거 트로이를 무너뜨리기 위해서, 온 힘을 기울이겠소."

이렇게 해서 오디세우스는 팔라메데스에 대한 미움을 간직한 채, 그렇게도 나가기 싫어했던 전쟁에 참여하게 되었다.

오디세우스처럼 전쟁에 나가지 않으려고 했던 왕이 한 명 더 있었다. 그는 테티스와 펠레우스의 아들인 프티아의 왕 아킬레우스였다. 그런데 그리스의 왕들이 아무리 아킬레우스를 찾으려 해도, 그는 그 어디에도 모습을 드러내지 않았다.

"내가 반드시 아킬레우스를 찾아오겠소."

오디세우스는 그리스의 왕들 앞에서 약속했다.

아킬레우스가 어렸을 때였다. 테티스는 아들이 영웅이 될 것이라는 사실을 알고 있었다. 그래서 그녀는 영원히 죽지 않게 해 주려고, 아킬레우스를 스틱스 강에 담갔다가 꺼냈다. 그래서 그는 어떠한 무기에도 상처를 입지 않았고, 질병에도 무사할 수 있었다. 단 한 군데, 테티스가 붙잡고 있던 발뒤꿈치를 제외하고 말이다. 그리고 테티스는 아킬레우스를 케이론에게 보냈다.

"이 아이는 영웅이 될 운명을 갖고 있어요. 이 아이를 강하게 키워 주세요."

케이론은 아킬레우스를 맡아서 몸과 마음을 단련시켰다. 그는 아킬레우스에게 곰의 골수를 먹여서 총명해지도록 했고, 사슴 고기를 먹여서 사슴처럼 날째지도록 했다. 동물의 왕과 같은 담대함을 길러 주기 위해, 사자의 심장을 먹이기도 했다. 사냥과 전쟁술을 가르쳤고, 문학, 천문학, 의학도 가르쳤다.

아킬레우스는 케이론의 가르침을 잘 받아들여서, 용감한 청년으로 자라났다.

아폴론이 아킬레우스의 미래에 대해서 예언한 적이 있었다.

"이 아이는 트로이 전쟁에 나가면 죽게 될 것이다! 살 수 있는 방법은 오직 트로이로 가지 않는 것 뿐이다."

그 때, 아킬레우스는 열다섯 살이었는데, 어린 나이에도 불구하고 프티아 군대의 장군이 되어 전쟁 준비를 하고 있었다.

그러나 아킬레우스의 어머니 테티스는 아들을 잃고 싶지 않았다. 그래서 테티스는 아킬레우스를 숨기기로 했다. 그녀는 아킬레우스를 리코메데스 왕에게로 보냈다. 그 곳에서 아킬레우스는 여장을 하고 공주들과 함께 지냈다.

그런데 예언자 칼카스는 아킬레우스 없이는 트로이를 무너뜨릴 수 없다고 예언했다. 그러자 그리스의 장군들은 아킬레우스를 찾아 헤매기 시작했다. 얼마 후, 아킬레우스가 리코메데스의 궁전에 있다는 사실을 알게 되었다. 오디세우스는 동료들과 함께 리코메데스 왕의 궁전으로 갔다.

"아킬레우스 장군이 이 곳에 있다는 소식을 듣고 왔습니다."

"아킬레우스요? 잘못 알고 오셨습니다. 이 곳에는 공주들뿐이오."

"제가 찾아봐도 되겠습니까?"

그러자 리코메데스 왕은 귀찮다는 듯이 말했다.

"마음대로 하시오. 찾아봤자 소용없겠지만……."

오디세우스 일행은 궁전 구석구석을 찾아보았다. 역시 궁전 안에는 공주들뿐이었다.

궁전을 떠나기 전에 갑자기 오디세우스가 말했다.

"공주님들께 선물을 드리겠습니다. 자, 이 중에서 마음에 드는 것을 고르십시오."

오디세우스는 선물을 공주들 앞에 늘어놓았다. 그 중에는 무기도 있었다. 공주들은 무기에는 관심도 두지 않고, 아름다운 보석이며 옷에 눈길을 주었지만, 단 한 사람은 달랐다. 무기에 손을 대는 사람이 있었는데, 그가 바로 아킬레우스였던 것이다. 오디세우스는 아킬레우스에게 다가가 말했다.

"아킬레우스, 여기 있었군요. 어서 우리와 함께 갑시다! 우리에게는 아킬레우스 장군이 꼭 필요해요."

아킬레우스는 어머니의 애절한 마음에도 불구하고 트로이 전쟁에 나가게 되었다. 아킬레우스는 고향으로 돌아와 전쟁 준비를 서둘렀다. 아킬레우스의 아버지 펠레우스는, 결혼식 때 받은 소중한 무기들을 아들에게 주었다. 사람처럼 말을 하는 영원히 죽지 않는 말 크산토스와 바리오스도 있었으며, 펠레우스만이 들 수 있었던 백양나무 창도 있었다.

그 때 펠레우스의 집에는, 아킬레우스의 사촌이자 친구인 파트로클로스라는 젊은이가 있었다. 그는 로크리스의 메노이티오스 왕의 아들인데, 어떤 일 때문에 펠레우스의 집에 숨어 있었던 것이다. 파트로클로스는 아킬레우스의 곁을 지키며 도와주었다.

펠레우스는 포이닉스를 아들과 함께 전장에 보냈다. 포이닉스의 지혜는 아킬레우스에게 큰 도움이 되었다. 테티스는 여전히, 아킬레우스가 전장에 나가는 것을 허락할 수 없었다.

'전장에 나가면 죽고 말 거야.'

테티스는 아킬레우스를 불러서 말했다.

"아킬레우스, 너는 전장에 나가면 인간의 손에 죽고 말 운명이란다. 네가 살 수 있는 방법은, 전장에 나가지 않는 것뿐이야. 제발 포기해 주렴."

그러나 아킬레우스의 마음은 흔들리지 않았다. 그는 함대 50척을 이끌고, 그리스의 장군들이 모여 있는 에우보이아 해협으로 출발했다.

첫 번째 원정

그리스의 에우보이아 해협에는, 각 나라에서 출발한 군대를 태운 배가 모여들었다. 30개 지역에서 모인 배가 무려 천2백 척이나 되었다. 그들의 대장은 바로 아가멤논이었다. 아가멤논의 지휘 아래 그리스 군대는 트로이를 향해 떠났다.

아가멤논은 아킬레우스를 불러 말했다.

"아킬레우스 장군에게 길 안내를 맡기겠소. 장군의 어머니인 테티스 여신께서 우리를 안전하게 지켜 주시겠지요?"

그러나 아가멤논의 생각은 빗나가고 말았다. 아킬레우스가 전장에 나가는 것을 반대했던 테티스는 엉뚱한 길을 가르쳐 주었다.

그리스의 함대가 상륙한 곳은, 헤라클레스의 아들 텔레포스가 다스리는 미시아였다. 그 곳이 트로이라고 생각한 그리스 군은 마구 공격하기 시작했다. 텔레포스도 가만히 있지 않고 그리스 군을 공격했다. 그 때문에 많은 그리스의 군사들이 목숨을 잃었다.

하지만 아킬레우스와 파트로클로스가 앞으로 나서자, 주도권은 그리스 군에게로 넘어갔다. 텔레포스는 기죽지 않고 맞서서, 파트로클로스의 팔에 상처를 입혔다. 그 모습을 본 아킬레우스는 텔레포스에게 달려들었다.

"가만두지 않겠다!"

소리를 지르며 달려오는 아킬레우스를 보자, 텔레포스는 한눈에 자신이 상대할 수 없다는 것을 깨달았다. 그는 뒤돌아서 도망치기 시작했다. 그런데 그 때, 디오니소스 신이 그를 방해했다. 디오니소스는 자신을 위한 축제를 열어 주지 않는다는 이유로 텔레포스를 몹시 미워하고 있었다. 그는 텔레포스의 앞에 갑자기 나뭇가지가 솟아나게 해서 텔레포스를 넘어뜨렸다.

"하하! 잘 걸렸다."

뒤쫓아온 아킬레우스는 텔레포스의 다리를 창으로 찔렀다. 상처는 쉽게 아물지 않을 정도였다. 그리스 군은 다시 배에 올랐다. 하지만 이번에는 사나운 태풍이 몰아쳐서 배들을 모두 흩어지게 만들었다.

"자꾸 이렇게 꼬이기만 하니, 우리의 승리도 장담할 수 없다."

"우리 모두의 목숨이 위험하다."

군사들은 미래에 대해 몹시 불안해했다. 결국 그들은 모두 고향으로 돌아가 버렸다. 이렇게 그리스 군사의 첫 원정은 실패로 돌아가고 말았다.

다시 시작된 트로이 전쟁

그리스의 왕들은 이제 전쟁에 대해 관심을 갖지 않았다. 평화로운 하루하루에 만족하며 살았다. 그렇지만 메넬라오스는 가만히 있을 수 없었다. 그는 그리스의 도시들을 돌아다니며 왕들의 마음을 돌리려고 했다. 대부분의 왕들이 메넬라오스의 뜻에 따르기로 했지만, 그렇지 않은 왕들도 많았다.

"이대로 지냅시다. 전쟁을 일으켜서 좋을 일이 뭐가 있단 말이오?"

"헬레네를 빼앗기면 나를 돕겠다고 맹세하지 않았습니까?"

"그렇지만 전쟁이 일어나고, 많은 사람들이 희생당하는 것은 신들도 원치 않으실 것입니다."

"내가 이렇게 모욕당한 것도 신들은 원치 않으실 것입니다. 나는 아내를 빼앗기고 보물을 도둑맞았습니다. 내 일은 생각하지 않는다고 해도, 프리아모스 왕의 보물도 포기하시겠습니까? 우리가 상상도 하지 못할 만큼 많은 보물이 있다고 들었습니다. 그 보물을 그대로 두시겠습니까?"

결국, 메넬라오스는 다시 전쟁을 시작할 수 있게 되었다. 8년 후, 어마어마한 함대가 다시 에우보이아 해협에 모였다.

"누구에게 길 안내를 맡겨야 실패하지 않을까요?"

"텔레포스가 적당하다고 생각합니다. 그는 프리아모스 왕의 사위입니다. 그러니 트로이로 가는 길을 정확하게 알고 있을 것입니다."

오디세우스는 미시아의 텔레포스 왕을 추천했다.

"아니, 이제 와서 텔레포스를 어떻게 찾는단 말입니까? 그리고 찾는다 해도, 그가 트로이를 무너뜨리러 가는 우리를 돕겠습니까?"

그리스 군사들은 앞일이 막막했다. 8년 전 상처를 입은 텔레포스를 미시아에 그대로 두고 왔던 것이다. 그런데 그 때, 텔레포스는 그리스로 오고 있었다. 그는 아킬레우스 때문에 다친 다리의 상처가 아직 아물지 않아서 신탁을 들어 보았다. 그랬더니, 상처를 입힌 자만이 상처를 치료해 줄 수 있다는 신탁이 내려왔다. 그래서 그는 아킬레우스를 만나기 위해 그리스를 찾아온 것이었다.

텔레포스는 아가멤논의 궁전으로 왔다. 아가멤논은 텔레포스에게 배불리 저녁을 먹인 후, 자신을 찾아온 이유를 물었다.(그 당시에는 자신의 집을 찾은 사람의 신분에 상관없이 저녁 만찬을 대접하고, 그 후에 찾아온 이유를 묻는 관습이 있었다.)

텔레포스는 아가멤논에게 자신의 사정 이야기를 했다.

'그것 참 잘됐군.'

아가멤논은 서둘러 아킬레우스를 불렀다. 그리고 텔레포스에게 말했다.

"네가 우리의 조건을 받아들인다면 상처를 치료해 주겠다."

"조건이 뭡니까?"

"우리가 트로이까지 무사히 도착할 수 있도록 길을 안내해 주는 것이다."

텔레포스는 그 조건에 찬성했지만, 아킬레우스는 치료해 주지 않으려고 했다. 자신의 친구 파트로클로스에게 상처를 입혔던 것을 잊지 않고 있었던 것이다.

"나는 치료할 수 없습니다. 다른 사람을 시키십시오."

"아킬레우스, 신탁에서는 상처를 입힌 자만이 치료할 수 있다고 했습니다. 제발 저를 치료해 주십시오."

"나는 상처를 치료하는 방법을 모릅니다. 설사, 안다고 해도 절대 치료하지 않겠습니다!"

텔레포스는 아킬레우스에게 간절히 부탁했지만, 아킬레우스의 마음은 변하지 않았다.

그 때, 오디세우스가 소리쳤다.

"텔레포스에게 상처를 입힌 것은 아킬레우스의 창이다! 아킬레우스, 창을 가져와 보시오."

오디세우스는 창날에서 녹을 조금 긁어 내어서, 텔레포스의 상처에 묻혔다. 그러자 상처는 순식간에 아물었다. 텔레포스는 프리아모스 왕에게 맞서 싸우지 않고, 길만 안내하는 조건으로 배에 올랐다.

이피게네이아

그리스의 함대는 다시 에우보이아 해협에 모였다. 그런데 바람이 불지 않아서 배를 출발시킬 수 없었다. 그들은 예언자 칼카스를 불러서 알아보았다.

"아가멤논 장군님, 그 동안 아르테미스 여신께 어떻게 하셨습니까? 지금 아르테미스 여신께서는 장군께 화가 나 계십니다. 장군께서는 아르테미스 여신의 도움을 받고도, 제물을 바치지 않으셨습니다. 또 얼마 전에는 아르테미스 여신이 가장 아끼는 멧돼지를 사냥하셨습니다. 이 일 때문에 아르테미스는 더 이상 화를 참지 않으시려고 하십니다. 언젠가 장군께서는 그 해에 왕국에 태어난 것들 중에서 가장 사랑스러운 것을 제물로 바치겠다고 약속하셨습니다. 그런데 그 아름다운 것이 바로 장군의 딸 이피게네이아 공주였지요. 장군께서는 그 약속을 지키지 않으셨고요. 장군님, 아르테미스 여신께서 이피게네이아 공주를 원하십니다. 이피게네이아 공주를 바치기 전까지는 절대로 바람이 불지 않을 것입니다."

이 말을 들은 아가멤논은 고민에 빠졌다.

'트로이로 갈 수 없어도 상관없다. 불쌍한 내 딸을 죽일 수는 없어!'

마음이 급한 메넬라오스는 아가멤논에게 말했다.

"형님, 이피게네이아를 바치지 않으면, 우리는 트로이로 떠날 수 없습니다. 도와주십시오."

"하지만 클리타임네스트라가 허락하지 않을 거야."

"잘 알고 있습니다. 하지만 그 방법밖에 없습니다."

아가멤논이 망설이자, 오디세우스가 말했다.

"아가멤논 장군, 저기 많은 군사들을 보시오. 장군의 대답만을 기다리고 있습니다. 메넬라오스를 돕겠다고 약속을 한 이상, 되돌아가는 일이 있어서는 안 되지 않겠습니까? 딸에게 제물이 되라는 이야기를 하는 것이 쉽지 않다는 것은 잘 알고 있습니다. 그래서 제가 한 가지 방법을 생각해 봤습니다. 공주를 아킬레우스 장군과 결혼시키기로 했으니, 이 곳으로 보내라고 왕비께 편지를 보내십시오. 그리고 반드시 공주 혼자 와야 한다고 하십시오."

마침내, 아가멤논은 이피게네이아를 제물로 바치기로 결심하고, 아내에게 거짓으로 편지를 썼다.

　그리스 최고의 장군인 아킬레우스와 이피게네이아를 결혼시키기로 했소. 이 편지를 받는 대로 이피게네이아를 이 곳으로 보내시오.

편지를 보낸 후, 아가멤논은 마음이 아파서 견딜 수가 없었다.

'어떻게 내 딸을 죽인단 말인가?'

아가멤논은 아내에게 다시 편지를 보냈다.

　결혼을 취소하기로 했소. 그러니 이피게네이아를 보내지 마시오.

그는 하인을 불러 아내에게 편지를 전하도록 했다.

"최대한 빨리 가거라. 그리고 이 사실은 너와 나만이 알고 있어야 한다. 알았느냐?"

그런데 그 편지는 아가멤논의 동생 메넬라오스의 손으로 들어갔다. 아가멤논의 마음이 변할까 봐 몰래 지켜보고 있었던 것이다. 몹시 화가 난 메넬라오스는 아가멤논을 찾아갔다.

"형님, 형님은 저희의 총사령관이십니다. 그런데 그 임무를 포기하시겠다는 겁니까?"

"나는 내 딸을 죽일 수 없다. 네 아내를 되찾기 위해서 내 딸을 죽여야 한다는 말이냐? 나는 그럴 수 없으니, 네가 총사령관이 되어서 떠나거라!"

아가멤논의 이야기를 들은 그리스 군사들은 이피게네이아를 데려오라고 아우성쳤다.

아가멤논은 이제 어찌할 도리가 없음을 깨달았다.

'내 딸을 이렇게 잃고 마는구나.'

다음 날, 아가멤논의 아내 클리타임네스트라가 딸 이피게네이아를 데리고 왔다.

"아버지!"

아무것도 모르는 이피게네이아는 아가멤논에게 매달렸다. 그의 눈에서는 눈물이 흐르고 있었다.

"아버지, 저는 아버지를 만나서 이렇게 기쁜데, 왜 울고 계시는 거예요?"

"너무 반가워서 눈물이 나는구나."

아가멤논은 아내에게 말했다.

"당신은 미케네로 돌아가요. 전쟁터에 나갈 군인들의 진지에 오래 머무는 것은 당신에게 좋지 않아요."

"무슨 말씀이세요? 딸이 결혼하는데 엄마가 옆에 있어야지요!"

클리타임네스트라는 아가멤논의 숙소로 들어가 버렸다. 그 때, 아킬레우스가 아가멤논에게 볼일이 있어서 아가멤논의 숙소로 왔다. 클리타임네스트라는 아킬레우스를 친아들처럼 대했다.

'왜 이렇게 나에게 잘해 주시지?'

아킬레우스는 이유를 몰라 어리둥절해했다.

"저는 이만 물러가겠습니다."

"내 딸의 남편감과 오래도록 이야기를 하고 싶었는데 아쉽군요."

"따님께서 결혼을 하시는군요. 축하드립니다. 그런데 그 남편감에 대해서 저는 들은 이야기가 없습니다."

그제야 클리타임테스트라는 딸의 결혼이 거짓이라는 것을 알았다.

"그렇다면 왜 이피게네이아를 부른 것이지요? 도대체 무슨 일이란 말이예요?"

"저는 아는 것이 없습니다. 그 일에 대해서는 들은 것이 없습니다."

클리타임네스트라는 아가멤논의 부하에게 자세한 이유를 물었다. 그는 자신의 충실한 하인이기도 했다.

"네가 아는 것을 하나도 빼지 말고 이야기해 보거라."

그 부하는 두려움에 떨며 그 동안의 이야기를 했다.

그의 이야기가 끝났을 때, 클리타임네스트라는 큰 충격으로 몸을 가누기조차 어려웠다.

"딸을 죽이려고 하다니……."

그 모습을 지켜보고 있던 아킬레우스가 소리쳤다.

"왕비님, 걱정하지 마세요! 제가 돕겠습니다. 전쟁이야 일어나건 일어나지 않건 상관없습니다. 아무 죄도 없는 공주님이 희생되도록 내버려두지 않겠습니다."

그 때, 밖에 나갔던 이피게네이아가 돌아왔다.

"아버지는 저를 사랑하시니까 저를 구해 주실 거예요."

클리타임네스트라는 딸을 품에 안고 눈물을 터뜨리고 말았다.

얼마 후, 아가멤논이 돌아왔다. 막사 안에 있던 부하와 아킬레우스는 서둘러 자리를 떠났다.

"당신이 왜 이피게네이아를 부르셨는지 모두 알게 됐어요. 왜 헬레네 때문에 죄없는 이피게네이아가 죽어야 하나요? 이따위 전쟁이 사랑스런 딸보다도 중요하다는 건가요? 아무것도 모르는 이피게네이아는, 아킬레우스처럼 훌륭한 젊은이와 결혼할 수 있게 되었다면서 기뻐했어요. 그런데 그 아이는 다른 사람들이 누리는 평범한 행복조차도 누리지 못한 채 세상을 떠나야 하겠군요. 정말 그렇게 되기를 바라세요?"

"나도 그렇게 되지 않기를 간절하게 바라고 있소. 그래서 이피게네이아를 부르지 않으려고 했소. 그러자 장군들과 군사들은 나를 비난하고, 아르테미스 여신과의 약속을 지키라고 했소."

그 때, 군사들의 함성 소리가 들려왔다. 아가멤논은 소리가 들리는 곳으로 급히 갔다. 클리타임네스트라는 이피게네이아를 데리고 아킬레우스에게로 갔다.

"군사들이 왜 저렇게 소리를 지르는 거지요?"

"공주를 바치라는 뜻이에요. 모두들 제정신이 아닌 것 같습니다."

이피게네이아가 말했다.

"그래요, 그러면 당장 저를 제물로 바치라고 하세요."

"공주, 그럴 수는 없습니다."

"이피게네이아, 아킬레우스 장군이 너를 지켜 주시면 아무도 그런 짓은 저지르지 못할 거야."

클리타임네스트라의 말에 아킬레우스가 말했다.

"지금 같은 상황이라면, 그 누구도 제 말을 듣지 않을 것입니다."

"그게 무슨 말씀이세요? 장군의 군대까지도 그렇단 말씀이세요?"

"네, 지금 제 편은 아무도 없습니다."

그렇지만, 아킬레우스도 이피게네이아의 죽음을 막을 수는 없었다. 잠자코 있던 이피게네이아가 입을 열었다.

"파리스가 한 짓은 메넬라오스 삼촌의 문제만은 아니에요. 그것은 우리 그리스 전체를 무시한 거예요. 그러니까 우리는 꼭 트로이를 무너뜨려서 잃어버린 자존심을 되찾아야 해요. 아킬레우스 장군님, 잘 생각해 보세요. 장군님께서는 지금 저 하나만을 생각하고 계세요. 왜 전쟁에 나오게 되었는지를 먼저 생각하세요. 저는 제물이 되기로 결심했어요. 저의 피로 아르테미스 여신께서 노여움을 푸신다면, 제게는 커다란 기쁨이 될 거예요. 장군님, 저를 생각하셔서라도 반드시 이기셔야 해요."

이피게네이아는 클리타임네스트라와 아킬레우스에게 작별 인사를 하고 아가멤논에게로 갔다.

침통한 분위기 속에서 제단이 준비되었다. 이피게네이아는 아무 말도 없이 그 위에 누웠다. 신관이 칼을 휘두르는 순간, 놀라운 일이 벌어졌다. 이피게네이아의 모습은 온데간데없고, 암사슴 한 마리가 놓여 있는 것이었다.

칼카스는 모두에게 말했다.

"아르테미스 여신께서는 죄 없는 처녀의 피로 제단이 물드는 것을 원하지 않으셨습니다. 그래서 여신께서는 이피게네이아를 자신의 여신

관으로 만드시려고, 타우리스 땅으로 데려가셨습니다. 이제 여신의 화가 풀렸으니, 여러분들은 트로이로 갈 수 있습니다. 반드시 승리하시기 바랍니다!"

트로이로 떠나기 전, 그리스의 군사들은 가장 좋은 황소를 골라서 신들에게 제를 올리기로 했다.

그 옆에는 키 큰 플라타너스 나무가 한 그루 있었는데, 그 나뭇가지에는 이상하게 생긴 새 한 마리가 새끼 여덟 마리를 품고 있었다. 그런데 갑자기 커다란 뱀이 나무 꼭대기로 기어 올라가더니, 새끼 새들을 하나하나 잡아먹었다. 어미새는 마지막까지 새끼를 지키려고 했지만, 새끼를 모두 빼앗기고, 자신도 잡아먹히고 말았다. 새들을 잡아먹은 뱀은 곧 시커먼 바위로 변해 버렸다.

그 광경을 지켜보던 칼카스가 말했다.

"제우스 신께서 우리의 앞날을 보여 주신 것입니다. 뱀이 여덟 마리의 새끼를 잡아먹은 후 아홉 번째에 어미를 잡아먹은 것은, 이 전쟁이 9년 동안 계속된다는 뜻입니다. 10년째가 되면 트로이가 멸망할 것입니다."

그 말을 들은 군사들은 모두 기뻐 날뛰었다. 하지만 전쟁이 그렇게 오래 지속될 것이라는 사실은 믿고 싶지 않았다.

그리스 군사들은 먼저 가까운 델로스 섬으로 가서, 식량과 다른 물품들을 싣고 가기로 했다.

델로스 섬의 왕은 아폴론의 아들 아니오스였다. 아니오스에게는 스페르모, 에라이스, 오이노라는 세 딸과, 자기 이름이 붙은 섬의 왕이 된 안드로스라는 아들이 있었다.

아니오스는 딸들을 디오니소스의 여사제로 만들어 보살핌을 받도록 했다. 그 덕분에 스페르모가 만지는 것은 옥수수로, 에라이스가 만지는 것은 올리브 기름, 그리고 오이노가 만지는 것은 포도주로 변했다.

아니오스는 그리스 군을 반갑게 맞아 주었다. 아니오스도 예언자였는데, 칼카스와 똑같이 10년째가 되어야만 트로이를 무너뜨릴 수 있을 것이라고 말했다.

"어차피 9년을 보내야만 이길 수 있는데, 그냥 이곳에서 지내다가 10년째 되는 해에 트로이로 가시는 것이 어떻겠습니까?"

그렇지만 그리스 군은 트로이를 향해 떠나기로 했다. 그리스 군사들은 아니오스 딸들의 도움으로 식량과 포도주를 넉넉하게 싣고 출발을 서둘렀다. 하지만 아가멤논은 욕심을 부렸다.

"정말로 전쟁이 길어진다면 식량이 많이 필요할 거야."

아가멤논은 메넬라오스와 오디세우스를 보내서, 아니오스의 세 딸을 데려오도록 했다.

그러나 배가 출발하자, 아니오스의 세 딸은 바다로 뛰어들더니 안드로스 섬으로 도망쳤다.

"안드로스, 어서 동생들을 우리에게 넘겨라!"

"그럴 수 없다!"

"그래? 우리와 전쟁이라도 하겠다는 거냐?"

"그렇다! 절대 내 동생들을 데려갈 수 없다."

일이 그렇게 되자, 아니오스의 세 딸들은 그리스 군대를 따라가기로 했다. 하지만 다시 배가 출발하자, 그들은 디오니소스에게 구해 달라고 기도했다. 그러자 디오니소스는 그들을 비둘기로 만들어 주었다. 비둘기가 된 아니오스의 세 딸들은 다시 아버지에게로 돌아갔다. 그 후에는 아무도 델로스 섬의 비둘기를 해치지 못했다.

얼마 후, 그리스 군대는 크리세가 다스리는 니아 섬에 내렸다. 니아 섬은 렘노스 해안가에 있는 작은 섬이었다. 그리스 군은 니아 섬의 수호신인 아테나에게 제물을 바치기로 했다. 크리세 여왕의 마음에 들어서 그녀가 다스리는 트로이와, 헬레스폰토스 해협 주위의 바다를 무사히 지나가기 위해서였다.

그런데 제물을 바치기 전에 안 좋은 일이 일어났다. 제단을 세우려고 할 때, 필로크테테스가 뱀에 물린 것이었다. 그는 헤라클레스가 죽기 전에 활과 화살을 물려준 명궁이었다. 상처에서는 고름이 흘러나왔고, 그 냄새는 참을 수 없을 정도였다. 필로크테테스의 상처는 점점 더 심해졌다.

그리스 군은 할 수 없이 필로크테테스가 잠들자, 그를 렘노스 바닷가에 버렸다. 필로크테테스의 곁에는 활과 화살을 놓아 두었다.

그리스 군대는 트로이에서 가까운 테네도스 섬부터 손에 넣기로 했다. 그 섬의 왕은 테네스라는 사람이었는데, 그는 바위도 마구 집어던질 만큼 힘이 셌다.

테네스는 커다란 바위를 던지면서, 그리스 군대가 섬으로 들어오는 것을 막았다. 그 때, 아킬레우스가 나서서 테네스에게 창을 던졌다. 테네스는 가슴에 창을 맞고 숨을 거두었다.

하지만 얼마 후, 아킬레우스는 그 일을 후회하게 되었다. 테네스가 아폴론의 아들이었기 때문이었다.

테티스는 전에 아들에게 이렇게 말했었다.

"아킬레우스, 무슨 일이 있어도 아폴론의 아들을 죽여서는 안 된다. 아폴론은 자신의 아들을 죽인 사람을 죽이기 전까지는 절대로 화를 풀지 않을 테니까……. 조심하거라."

그런데 테티스가 그렇게도 염려하던 일이 일어나고 말았던 것이다.

'정말 큰일이구나. 더욱더 조심해야겠어.'

어찌 됐건 테네도스 섬을 정복한 후, 그리스 군은 트로이가 바라다보이는 바닷가에 진을 쳤다.

"이제 시작이다! 준비를 철저히 하라!"

그리스 군사들의 눈은 어느 때보다도 밝게 빛나고 있었다.

전쟁을 일으키기 전, 메넬라오스, 팔라메데스, 오디세우스는 트로이로 들어갔다. 전쟁을 하지 않고 문제를 해결할 방법을 찾기 위해서였다.

먼저 메넬라오스가 프리아모스 왕에게 말했다.

"당신의 아들 파리스가 내 나라를 찾았을 때, 나는 그를 내 친형제처럼 대접했소. 그런데 그가 나에게 한 짓은 무엇이란 말이오? 내 아내를 데려가고, 보물을 훔쳐갔소. 그것은 분명한 배신이오! 생각대로라면 당장 파리스의 목을 치고 싶지만, 내 아내와 보물을 돌려준다면 우리 군대를 이끌고 순순히 물러나겠소."

그러자 프리아모스 왕이 말했다.

"그렇다면 내 불쌍한 동생 헤시오네는 무어란 말이오? 그 아이는 무슨 죄가 있어서 이렇게 오랫동안 살라미스에 잡혀 있어야 한단 말이오? 당신들이 먼저 비겁한 짓을 했다는 건 생각도 안하고, 그저 우리더러만 잘못이라는 거요?"

이번에는 팔라메데스가 대답했다.

"헤시오네는 자기 스스로가 따라온 것입니다. 텔라몬의 아내가 되기를 원했기 때문이지요."

오디세우스는 트로이 사람들에게, 전쟁이 일어나면 어떻게 되는지에 대해 자세히 이야기했다.

"전쟁을 피할 수 있는 방법이 있는데 왜 망설이는 거요? 잘 생각해 보시오."

"나는 헬레네를 보낼 수 없소! 아프로디테 여신이 나의 아내로 보낸 사람이란 말이오!"

파리스는 크게 소리쳤다. 여러 왕자들도 마찬가지였다. 그런데 안테노르 왕자가 나서서 말했다.

"끔찍한 전쟁을 피할 수 있다면, 헬레네와 보물을 돌려주는 것이 옳은 방법입니다. 파리스의 잘못 때문에 우리 트로이 전체가 고통을 겪어야 합니까?"

안테노르의 말에 헬레노스가 반박했다.

"그럴 필요 없습니다. 우리 트로이가 전쟁에서 이길 테니까요. 그리스를 무찌르고 더욱더 강한 나라가 될 수 있는데, 왜 전쟁을 피한단 말입니까?"

헬레노스는 키산드라 공주처럼 앞일을 내다볼 수 있었다. 하지만 그때 헬레노스는 헤라 여신의 방해로 그 예지력이 흐려진 상태였다. 파리스와 왕자들은 헬레노스의 말을 믿었다.

데이포보스 왕자는 메넬라오스, 팔라메데스, 오디세우스를 죽이라고까지 명령했다.

안테노르는 재빨리 세 사람의 앞을 막았다.

"우리 트로이를 찾아온 손님이오. 손님들을 극진히 대접하지 않으면, 어떻게 되는지 몰라서 이러는 거요?"

안테노르는 세 사람을 배로 데리고 갔다.

"이제 우리는 적이 되겠네요. 나는 내 나라를 위해 싸워야 합니다. 당신들을 죽여야 하는 일이 벌어질지도 모르겠군요."

세 사람의 이야기를 들은 그리스 군대는 복수를 다짐하고 공격 준비를 서둘렀다.

"기다려라, 건방진 트로이 놈들아!"

그런데 오디세우스와 아킬레우스 사이에 싸움이 일어나고 말았다.

오디세우스는 꾀를 써서 조심조심 공격해야 한다고 주장했고, 아킬레우스는 단번에 공격해야 한다고 주장했다. 결국 두 사람은 몸싸움까지 하게 되었다.

그 모습을 보며 아가멤논은 조용히 미소지었다. 용감한 그리스의 영웅 두 명이 싸움을 벌이면, 트로이가 무너질 것이라는 신탁이 있었기 때문이었다.

프로테실라오스

그리스의 함대는 곧 트로이 바닷가에 도착했다.

"어서 내려라! 공격이다!"

그런데 선뜻 배에서 내리려는 사람이 없었다. 트로이 땅에 처음 발을 내딛는 사람이 죽게 된다는, 테티스의 예언이 있었기 때문이다. 이피클로스 왕의 아들 프로테실라오스 역시 망설이고 있었다. 그에게는 이제갓 결혼한 신부가 있었고, 두 아들이 전쟁터로 떠나 버려서 보살펴 줄 사람이 없어진 아버지 이피클로스 왕이 있었다. 하지만 그는 죽음을 두려워하지 않고 용감하게 싸운 사람으로 기억되고 싶었다.

'어떻게 해야 할까? 뛰어내릴까?'

그 때, 오디세우스가 배 아래로 방패를 던지더니 그 위로 뛰어내렸다.

"어서 내려라! 싸우자!"

프로테실라오스는 재빨리 그 뒤를 따랐다. 그는 아무것도 두려워하지 않고 수많은 트로이 군사들을 무찔렀다.

프로테실라오스는 트로이의 총사령관 헥토르까지 공격했다. 그는 헥토르가 자신이 감당할 수 없는 강한 장군이라는 사실을 미처 생각하지 못했던 것이다.

결국, 프로테실라오스는 헥토르의 창에 맞아 숨을 거두고 말았다. 그는 그리스 군의 첫 번째 전사자로 기록되게 되었다. 그렇다면 테티스의 예언이 틀린 것이었을까? 트로이에 첫발을 내딛은 사람은 오디세우스였으니까 말이다.

그러나 자세히 알고 보면, 프로테실라오스가 오디세우스의 꾀에 넘어갔다고 할 수 있다. 오디세우스는 땅에 발을 내딛은 것이 아니라, 방패에 내딛은 것이었다.

그래서 오디세우스는 죽음을 피할 수 있었지만, 프로테실라오스는 목숨을 잃고 말았던 것이다.

얼마 후, 프로테실라오스의 아내 라오다메이아는 남편의 전사 소식을 듣게 되었다. 그녀는 신들에게 기도했다.

"제 남편을 단 세 시간만이라도 만날 수 있게 해 주세요."

그녀의 눈물 어린 기도를 들은 신들은, 그녀의 소원을 들어주기로 했다.

"헤르메스, 프로테실라오스를 라오다메이아에게 데려다 주거라."

제우스의 심부름꾼 헤르메스는 죽음의 나라에서 프로테실라오스를 데려왔다. 세 시간 동안 두 사람은 안타까운 만남을 가졌다. 두 사람에게 세 시간은 너무도 짧은 시간이었다.

약속된 시간이 지난 후, 헤르메스는 다시 프로테실라오스를 데리러 왔다.

"이제 가야 할 시간이오."

프로테실라오스가 떠나자, 라오다메이아는 남편의 뒤를 따라 목숨을 버렸다.

님프들은 프로테실라오스의 무덤 주위에 느릅나무를 몇 그루 심었다고 한다. 그런데 이 나무들은 순식간에 트로이를 내려다볼 수 있을 정도로 자란 후에 말라죽었다. 그리고 그 뿌리에서는 가지가 돋아났다고 한다.

프로테실라오스가 전사하자, 그리스 군사들은 더욱더 용감하게 싸웠다. 그리스와 트로이가 팽팽하게 맞서는 가운데, 많은 군사들이 목숨을 잃었다.

아킬레우스도 직접 나서서 싸웠다. 포세이돈의 아들 킥노스가 그에게 덤볐다. 킥노스는 창이나 칼에도 상처를 입지 않았다. 아킬레우스는 맨손으로 그와 맞붙었다. 킥노스의 힘도 무척 셌지만, 이 세상에서 아킬레우스보다 센 사람은 없었다. 결국 킥노스는 아킬레우스의 손에 목숨을 잃고 말았다.

킥노스는 목숨이 끊어지기 전에 아버지 포세이돈에게, 자신의 갑옷은 벗기지 못하게 해 달라고 기도했다. 포세이돈은 아들을 백조로 만들어 주었다. 포세이돈은 아들을 잃었지만, 그리스 군을 미워하지 않았다. 라오메돈이 그를 모욕한 이후, 오직 트로이가 멸망하기만을 바라고 있었기 때문이었다.

헥토르는 이렇게 막강한 그리스 군에게 이길 수 없다고 생각했다. 그래서 그는 후퇴 명령을 내렸다.

"하하하! 저 도망가는 꼴을 좀 보거라. 다음 번에는 완전히 무찔러 버리자!"

아가멤논은 첫 번째 승리를 무척 기뻐했다. 그는 전사자들을 잘 묻어 주도록 명령했다. 님프들은 전사자들의 무덤 주위에 느릅나무를 심었다. 그랬더니 프로테실라오스 때처럼 나무들은 트로이를 내려다볼 수 있는 높이까지 자라다가 말라 죽었다. 그리고 뿌리에서 가지가 돋아났다.

길어지는 트로이 전쟁

다음 날, 그리스 군은 튼튼하게 진지를 세웠다. 한가운데에는 아가멤논의 막사를 세워서 전 군대를 살필 수 있도록 했다. 모든 준비가 끝나자, 아가멤논은 장군들을 불러 모았다.

"이제 다시 공격을 시작합시다! 지금 트로이 군이 지쳐 있으니, 지금이 가장 좋은 시기라고 생각합니다."

그리스 군대는 다시 공격을 시작했다. 그렇지만 두 번째 공격도, 세 번째 공격도 쉽지 않았다. 신들이 세운 성벽을 무너뜨릴 수 없었기 때문이었다.

"다른 방법을 생각해야 합니다. 이렇게 해서는 트로이를 무너뜨릴 수 없습니다."

그리스 군은 성을 둘러쌌다. 성 안으로 식량이 들어가지 못하면, 트로이 군이 굶주림에 지쳐서 항복할 것이라고 생각했기 때문이었다. 그렇지만 그 작전은 성공하지 못했다. 트로이는 숲이 우거진 언덕을 등지고 있기 때문에, 얼마든지 식량을 들여올 수 있었던 것이다.

전쟁이 점점 길어지자, 그리스 군은 식량이 모자라 굶주려야만 했다. 그들은 트로이에서 얼마 떨어진 도시에서 식량을 약탈하기로 했다. 그렇지만 그 방법은 전쟁을 점점 길어지게 했다. 군사들 중 일부는 항상 식량을 구하러 다녀야 했기 때문에, 전쟁에 참여할 수가 없었던 것이다.

그들은 그제야, 트로이가 10년째 되는 해에 무너질 것이라는 예언을 기억해 냈다.

그런데 트로이 전쟁에 대해서 또 한 가지 예언이 있었다. 프리아모스 왕의 막내아들 트로일로스가 스무 살이 되면 트로이가 무너지지 않을 것이라는 예언이었다.

열다섯 살인 트로일로스는 벌써부터 능숙하게 말을 탔으며, 칼도 무척 잘 썼다.

어느 날 그리스 군사들은 트로일로스를 죽일 계획을 세우기 시작했다. 그러던 중 그들은 트로일로스가 아폴론의 샘에 자주 간다는 사실을 알아냈다. 다른 트로이 사람들도 그 샘에 물을 길러 가곤 했지만, 그리스 군은 신성한 신의 샘을 더럽히게 될까 봐 그들을 괴롭히지 않았다. 아킬레우스가 말했다.

"샘으로 가는 길에 숨어 있다가 트로일로스를 붙잡읍시다. 그곳은 신성한 곳이 아니니까, 우리가 아폴론 신의 미움을 살 일도 없지 않겠습니까?"

얼마 후, 아킬레우스는 말을 타고 오는 트로일로스를 발견했다. 말을 잘 타기로 유명한 트로일로스였지만, 아킬레우스에게 당할 수는 없었다. 온 힘을 다해 말을 몰아도 뒤를 돌아보면, 아킬레우스가 따라오고 있었던 것이다. 두 사람은 어느덧 샘 가까이에 이르렀다. 저 멀리 제단이 보였다.

'조금만 더 힘을 내자. 제단으로 올라가면 나를 죽이지 못할 거야.'

트로일로스는 마지막 힘을 내어 제단으로 뛰어올랐다. 그런데 그 때, 아킬레우스의 창이 날아왔다. 신성한 아폴론의 제단은 트로일로스의 피로 물들어갔다.

불행한 일들이 계속되었지만, 트로이 사람들은 희망을 잃지 않았다.

아킬레우스가 아폴론의 미움을 샀으니, 자신들의 편이 되어 줄 것이라고 믿었던 것이다.

프리아모스 왕의 아들 중에서 아킬레우스에게 목숨을 빼앗긴 사람이 한 명 더 있었다. 리카온은 수레바퀴에 쓸 무화과나무를 자르다가, 아킬레우스와 마주치게 되었다.

"저, 저를 살려 주십시오. 그러면 저희 아버님께서 제 몸값으로 황금을 주실 것입니다."

"황금은 필요 없다! 그리고 네 목숨도 살려 주마. 그렇지만 너는 나와 다시는 마주치지 않을 곳에 가게 될 거야."

아킬레우스는 리카온을 파트로클로스에게 넘겼다. 파트로클로스는 리카온을 렘노스의 에우네오스 왕에게 노예로 팔아 버렸다. 하지만 얼마 후, 리카온은 다시 트로이로 돌아왔다. 아킬레우스는 리카온을 죽이지 않은 것을 두고두고 후회했다.

아킬레우스와 아가멤논

전쟁이 점점 길어지면서, 식량을 약탈하는 것이 가장 중요한 작전처럼 여겨졌다.

아킬레우스는 혼자 나가서도 스물세 곳을 쳐서 약탈하곤 했다.

어느 날, 아킬레우스는 모니니아 시를 공격했다. 오랫동안 성을 포위했지만, 높은 성벽을 뚫을 수 없었다. 그가 포기하려고 했을 때, 성벽 위에서 한 소녀가 사과를 던졌다.

'떠나지 마세요. 성 안에는 물이 없어요. 그러니까 사람들이 곧 항복을 할 거예요.'

아킬레우스는 다시 포위를 했고, 이틀이 지나자 모니니아 시는 항복을 했다.

"나에게 왜 그런 사실을 알려 줬지?"

"저는 당신의 늠름한 모습을 보고 사랑에 빠졌어요. 그래서 당신을 돕고 싶었던 거예요. 저를 아내로 맞아 주세요."

그렇지만 아킬레우스는 페다세라는 그 소녀를 아내로 맞을 수 없었다. 자기 나라를 배반한 여자이기 때문이었다. 그는 그 도시의 이름을 소녀의 이름을, 따서 '페다수스'라고 고치는 것으로 고마운 마음을 표현했다.

이와 비슷한 일이 또 있었다. 아킬레우스가 군대를 이끌고 레스보스에 있는 미팀나라는 곳을 공격할 때였다. 아킬레우스가 성벽 주위를 포위하고 있는데, 그 곳의 공주인 페이시디케가 그에게 유모를 보냈다.

"저희 공주님과 결혼해 주신다면 돕겠다고 하셨습니다."

아킬레우스는 공주의 제안을 받아들였다. 공주는 성문 하나를 열어 주었고, 성 안으로 들어간 아킬레우스의 군대는 닥치는 대로 죽이고 약탈했다.

공주는 군대가 자신의 가족을 죽이는데도 전혀 흔들림이 없었다. 가족들이 모두 죽자, 페이시디케 공주는 아킬레우스에게 달려갔다.

"이제 저와 결혼해 주시겠지요?"

그러나 아킬레우스는 페이시디케를 때려죽이게 했다. 그녀의 냉정함에 치가 떨렸던 것이다.

어느 날, 아킬레우스는 테베 시를 공격했다. 테베의 왕 에에티온은 헥토르의 아내 안드로마케의 아버지였다. 에에티온과 아들들은 아킬레우스에 맞서서 열심히 싸웠지만, 목숨을 잃고 말았다.

아킬레우스는 에에티온을 갑옷째로 묻어 주고, 무덤 위에 높은 봉분을 만들어 주었다.

아킬레우스는 이 곳에서 귀한 보물과 아름다운 노예를 많이 얻을 수 있었다. 그 중에 가장 아름다운 여인은, 아폴론 신전의 신관 크리레스의 딸 크리세이스였다.

그 후, 아킬레우스는 이다 산으로 올라갔다. 그 산에서는 프리아모스의 아들 메스토르가 양치기들을 감독하고 있었다. 그리고 다른 쪽에는 프리아모스의 사촌 안키세스의 가축 떼가 있었다. 그 가축을 돌보는 목동들은, 안키세스와 아프로디테 사이에서 태어난 아이네이아스의 명령에 따랐다.

아킬레우스는 메스토르를 죽이고 양들을 잡아갔다. 그리고 안키세스의 가축 떼가 있는 곳으로 와서 목동들과 가축들을 얻었다.

아이네이아스는 간신히 이웃 도시 리르네소스로 도망쳤다. 그러나 뒤쫓아간 아킬레우스는 리르네소스의 미네스 왕과 동생, 아들들을 죽였다. 아이네이아스는 아프로디테 여신 덕분에 다른 곳으로 피할 수 있었다.

리르네소스가 완전히 무너진 후, 아이네이아스는 아버지 안키세스를 찾아갔다.

"아버지, 저에게도 군대를 내어 주세요. 트로이가 저렇게 고통받고 있는 것을 가만히 두고 볼 수가 없습니다."

"잘 생각했다. 어서 가거라!"

다른 나라들도 부유한 트로이와 친선을 다지기 위해서, 군대를 이끌고 왔다. 이제 트로이는 막강한 힘을 가지게 되었다.

리르네소스에서도 아킬레우스는 귀한 보물과 아름다운 노예들을 많이 얻었다. 그 중에 가장 아름다운 여인은, 디오니소스 신전의 신관 브리세우스의 딸 브리세이스였다.

전리품을 나눌 때, 아킬레우스는 브리세이스를, 아가멤논은 크리세이스를 갖게 되었다. 아킬레우스와 아가멤논은 그들이 새로 얻은 노예를 남에게 절대 빼앗기지 않겠다고 생각했다. 그런데 얼마 후, 크리세이스의 아버지 크리세스가 딸을 찾으러 왔다.

"이 선물을 받으시고 제 딸을 돌려주십시오. 제발 부탁입니다."

"돌아가라! 앞으로 이 곳에 얼씬거리지 말거라. 크리세이스는 내 집에서 나와 함께 지내게 될 것이다."

아가멤논은 크리세스의 말을 들은 척도 하지 않았다. 그러자 크리세스는 아폴론 신전으로 달려가 기도했다.

"신이시여, 저와 제 딸을 불쌍히 여겨 주시옵소서! 전쟁이 끝나고 제 딸이 돌아올 수 있도록 저들을 괴롭혀 주십시오."

크리세스의 애절한 기도를 들은 아폴론은, 활과 화살통을 메고 내려왔다. 처음에는 개나 말에게 화살을 쏘았지만, 그 화살은 그리스 군에게로 옮겨갔다. 그로 인해 전염병이 돌아서, 그리스 진지에서는 하루 종일 화장을 하느라 연기가 자욱했다.

9일 동안 아폴론이 화살을 쏘아 대니 10일째 되는 날, 그리스 군은 전염병을 피할 방법을 찾기 위해서 회의를 열었다. 아킬레우스가 일어나서 말했다.

"왜 갑자기 이런 일이 일어났는지 예언을 들어 봅시다. 무엇인가 우리가 신께 잘못을 했기 때문일 겁니다."

예언자 칼카스가 조용히 말했다.

"아가멤논 장군께서 크리세이스를 돌려주지 않았기 때문에, 아폴론 신께서는 지금 화가 나 계십니다. 아폴론 신의 사제인 크리세스의 마음을 달래 주어야만 아폴론 신께서는 이 재난을 거두어 주실 것입니다. 그 방법은 오직 크리세이스를 돌려보내는 것뿐입니다."

그 말을 들은 아가멤논이 자리에서 벌떡 일어났다.

"뭐라고? 너는 나에게 좋은 말을 한 적이 한 번도 없구나. 좋다, 크리세이스 때문에 우리가 이런 고통을 당하는 것이라면, 크리세이스를 돌려보내겠다. 그렇지만 나는 크리세이스를 클리타임네스트라만큼 아끼고 있다. 그런 여자를 보내겠다고 마음먹었으니, 나에게 무언가 보상을 해 주어야 하지 않겠나?"

아킬레우스가 대답했다.

"장군께서는 우리 군사들을 살리는 것보다도 전리품을 챙기는 것이 더 중요하다는 말씀입니까? 우리가 트로이만 무너뜨린다면, 장군께 몇 배로 갚아 드리겠습니다. 그러니 어서 크리세이스를 돌려보내십시오."

"하하하, 지금 그런 식으로 나를 속이려는 거요? 장군께서는 브리세이스를 차지하고 있으면서, 나더러만 단념하라는 말씀이오? 내게 크리세이스와 바꿀 만한 것을 주시오. 그렇지 않으면 장군이 차지한 브리세이스를 나에게 주시오. 크리세이스와 비교될 만한 사람은 장군께서 차지한 브리세이스뿐이오. 그러니 나에게 브리세이스를 양보하시오."

"내가 왜 그 명령을 받아들여야 합니까? 내가 왜 이 전쟁에 나왔는지 잊으셨습니까? 나는 당신 동생이 일으킨 이 전쟁을 도우러 왔습니다. 그런데 내게 주었던 브리세이스를 빼앗겠다는 말입니까? 나와 그리스 군이 온 힘을 다해 싸워서 얻어온 것을 당신은 가만히 앉아서 차지하면서, 이제 와서는 그것을 빼앗겠다는 말입니까?"

"크리세이스를 순순히 보낼 테니, 어서 브리세이스나 데려오시오!"

아킬레우스는 화가 나서 몸을 부들부들 떨었다.

"좋소. 당신 마음대로 해 보시오! 나는 이제 이 전쟁에서 손을 떼고 그리스로 돌아가겠소. 내가 그 동안 당신을 위해 싸운 것이 수치스럽소."

"떠나고 싶다면 당장 떠나시오. 장군에게 무릎을 꿇고 매달리는 일은 없을 것이오. 나에게는 유능한 장군이 얼마든지 있으니까! 그리고 제우스 신께서 항상 나와 함께 하시는데, 무슨 걱정이 있겠소?"

아가멤논은 아킬레우스에게 소리쳤다.

아킬레우스는 칼집에서 칼을 뽑았다. 그 때, 아테나가 나타나 아킬레우스에게 말했다.

"아킬레우스, 지금 네가 얼마나 화가 났는지 잘 알고 있어. 하지만 언젠가는 보상받게 될 거야. 그러니까 지금은 참도록 해."

아킬레우스는 아테나의 말에 따르기로 했다. 그렇지만 여전히 속은 탔다.

"아가멤논, 군대를 이끌고 싸움에 나가 본 적이 있습니까? 당신은 늘 무서워서 피하기만 했지요. 계속 그럴 생각이라면, 차라리 약탈이나 하면서 지내는 것이 어떻겠습니까? 기억해 두십시오. 나를 모욕하는 것은 이것이 마지막입니다. 언젠가 나를 모욕했던 것을 후회할 날이 올 것입니다."

두 사람을 지켜보던 지혜로운 네스토르가 말했다.

"두 장군께서 이렇게 다투고 있다는 것을 트로이에서 알게 된다면 얼마나 기뻐하겠습니까? 적들이 기뻐하도록 하시겠습니까? 아가멤논 장군께서는 아킬레우스 장군에게서 브리세이스를 빼앗지 마시고, 아킬레우스 장군께서는 아가멤논 장군께 예의를 갖추어 주십시오. 제우스 신의 보살핌으로 왕권을 가진 왕은, 다른 왕보다도 더 큰 힘이 있답니다. 아킬레우스 장군, 장군은 강자이고, 장군의 어머니는 신이지요. 그렇지만 아가멤논 장군은 아킬레우스 장군보다도 더 강자입니다. 아가멤논 장군을 따르는 많은 백성이 있다는 사실을 모르십니까? 이제, 제발 다툼을 멈추십시오."

하지만 얼어붙은 두 사람의 마음은 녹을 줄을 몰랐다.

"그렇지만 아킬레우스 장군은 우리 모두의 왕이 되기를 바라는 것 같소. 신들께서 그를 위대한 전사로 만들어 주셨다고 해서, 이렇게 무례한 말을 지껄여도 된단 말입니까?"

"아가멤논 장군의 말만 듣고 있다가는 우리 모두가 겁쟁이가 될 것 같소. 이제 명령은 다른 사람에게나 하시오. 나는 이제 떠날 테니까! 브리세이스를 데려가시오. 그 대신 다른 어느 것도 가져가지 못할 것이오. 그런 짓을 했다가는 당신의 목숨은 그대로 끊어지고 말 것이오."

아킬레우스는 무슨 일이 있어도, 트로이 전쟁을 위해 창과 활을 쓰는 일은 없을 것이라고 다짐하고 또 다짐했다.

아가멤논은 20명의 선원을 뽑아서 배를 띄웠다. 배에는 아폴론 신에게 바칠 제물이 실렸다. 그리고 오디세우스가 크리세이스를 데리고 와서 그녀의 아버지에게로 출발했다.

"크리세스, 이 짐승들은 아폴론 신께 바치려고 가져온 것이오. 이제 우리에게 내리신 벌을 멈추어 달라고 기도드려 주시오."

오디세우스 일행은 제물을 신전에 올리고 손을 씻은 후, 제물에 뿌릴 보릿가루를 집어들었다. 크리세스는 두 손을 높이 들고 기도를 올렸다.

"아폴론 신이시여, 제 기도를 들어주시어서 그리스 군이 고통을 겪게 하셨듯이 이제 다시 제 기도를 들어주십시오. 그들에게 내리셨던 무서운 전염병을 거두어 주십시오."

그러자 아폴론은 크리세스의 기도에 귀를 기울여 주었다. 오디세우스 일행은 제물에 보릿가루를 뿌려 제물을 바쳤다.

날이 밝을 무렵, 오디세우스 일행이 그리스 진영으로 떠나려고 하니 잔잔한 바람이 불어와 그들을 안내했다.

크리세이스가 떠나자, 아가멤논은 아킬레우스의 막사로 텔디비오스와 유리바테스를 보냈다.

"어서 가서 브리세이스를 데려오너라. 만약에 아킬레우스가 순순히 보내 주지 않을 때에는 내가 직접 가서 그녀를 빼앗아 오겠다."

텔디비오스와 유리바테스는 곧 아킬레우스의 막사에 다다랐다. 아킬레우스는 막사 앞에 굳은 표정으로 앉아 있었다. 텔디비오스와 유리바테스는 아킬레우스 앞에서, 이러지도 저러지도 못하고 서 있었다. 그러자 아킬레우스가 말했다.

"파트로클로스, 브리세이스를 이 사람들에게 넘겨주게. 그리고 아가멤논 장군에게 이 말을 전하도록 이르게. 언젠가 내 도움이 절실하게 필요하더라도 나는 움직이지 않을 거라고……. 마음속 깊이 후회하게 될 거야."

아킬레우스의 절친한 친구인 파트로클로스는, 브리세이스를 데리고 가서 이 말을 전했다. 브리세이스는 떠나기 싫은 길을 떠나게 된 것이다.

파리스와 메넬라오스

올림포스의 신들 또한, 트로이 전쟁에 관심을 기울이고 있었다. 물론 그들은 트로이가 무너질 것이라는 사실을 알고 있었다. 그러나 신들은 편을 나누어서 응원하곤 했다.

그리스 편에는 파리스에게 모욕을 당했던 헤라와 아테나, 포세이돈 등이 있었다. 트로이 편에는 파리스의 수호신 아프로디테와, 아프로디테를 숭배하는 아레스 등이 있었다. 중립을 지키려던 아폴론은 그리스 편을 들기도 했고, 트로이 편을 들기도 했다. 제우스는 최대한 공정하려고 했지만, 가끔 예외가 있기도 했다.

브리세이스를 보낸 후, 아킬레우스는 바닷가로 나가서 소리쳤다.

"어머니, 제가 왜 이런 대접을 받아야 합니까? 저는 이 전쟁에서 목숨을 잃는다고 하지 않았습니까? 그렇다면 제우스 신께서는 제게 조그만 영광이라도 베풀어 주실 수도 있을 텐데, 왜 이렇게 저를 괴롭히시는 것입니까?"

바다의 여신 테티스가 아들의 이야기를 듣고 바다 위로 솟아올랐다.

"아킬레우스, 무슨 일 때문에 그렇게 슬퍼하는 거니?"

"어머니, 저는 화가 나서 견딜 수가 없어요. 어머니께서 제우스 신께 부탁드려 주세요. 저 거만한 아가멤논 장군이 저에게 한 짓을 후회하도록 제우스 신께 트로이 군을 도와달라고 하세요."

테티스는 아킬레우스를 품에 안았다.

"아킬레우스, 울지 말아라. 네가 원하는 대로 해 줄게. 그런데 지금 제우스 신께서는 에티오피아에 가셨단다. 12일 후에 돌아오신다고 하니 그 때 가서 말씀드릴게. 내가 신을 설득할 수 있으리라는 것은 의심하지 않아도 된단다."

12일 후 제우스가 돌아오자, 테티스는 제우스를 찾아갔다. 그녀는 슬프게 울며 아들의 일을 이야기했다.

"지금 당장 트로이가 이기게 해 주세요. 그래서 저 아가멤논이 제 아들에게 한 짓을 후회하도록 해 주세요. 제 아들의 잃어버린 명예를 찾아 주세요!"

테티스의 눈물어린 애원에도, 제우스는 쉽게 허락할 수가 없었다.

"어서 승낙해 주시겠다고 약속해 주세요. 그렇지 않으면 저를 얼마나 멸시하고 계신지를 보여 주세요."

테티스의 말이 끝나자, 제우스는 아내 헤라가 마음에 걸리긴 했지만 허락할 수밖에 없었다.

"내가 이 일로 헤라와 다투게 된다면 나는 무척 고통을 받겠지요. 가끔씩 헤라는 다른 신들 앞에서 내게 욕을 하기도 하고, 트로이 군을 돕는다고 비난을 하기도 하거든요. 그러니 헤라가 오기 전에 어서 돌아가시오. 반드시 아킬레우스의 명예를 찾아 주겠소. 못 믿겠다면 이렇게 그대 앞에 머리를 숙이겠소. 이것은 내가 어느 신에게나 할 수 없는 엄숙한 표시라오. 내가 머리를 숙이면, 실패는 있을 수 없으며 속일 수도 없소."

제우스는 어떤 식으로 트로이를 이기게 해야 할지 곰곰이 생각했다. 결국 그는 한 가지 방법을 생각해 냈다. 제우스는 꿈의 신 오네이로스를 아가멤논에게로 보냈다. 오네이로스는 아가멤논이 존경하는 네스토르의 모습으로 꿈에 나타났다.

"아가멤논 장군, 어서 일어나시오. 저 수많은 군사들이 장군의 명령을 기다리고 있는데, 태평하게 잠만 잔단 말입니까? 어서 가서 트로이를 공격하십시오. 헤라 여신께서는 언제나 장군의 편이니, 트로이를 쉽게 무너뜨릴 수 있을 것입니다."

아가멤논은 깜짝 놀라 잠에서 깨어났다.

'그래, 승리가 코앞에 다가왔는데 잠만 잘 수 없지.'

아가멤논은 장군들을 불러 모았다.

"나는 하늘에서 보내 준 꿈을 꾸었소. 그 모습은 분명히 네스토르 장군의 모습이었소. 그는 헤라 여신께서 우리의 편에 서 계신다고 하셨소. 그러니 어서 나가서 싸웁시다. 어서 군사들을 무장시키십시오. 그 전에 나는 우리 군사들을 시험해 보겠습니다. 승리를 얻으려면 강하고 굳은 마음을 가지고 있어야 하니까요."

그러자 네스토르가 말했다.

"그리스 사람들 중 다른 누군가가 이런 꿈 얘기를 했다면 우리는 아무런 관심도 갖지 않았을 것입니다. 그러나 아가멤논 장군은 우리의 지도자이십니다. 그러니 우리는 군사들을 무장시키고, 전쟁 준비를 서둘러야 합니다."

장군들이 밖으로 나가자, 무슨 일인지 궁금해하던 군사들은 앞을 다투어 몰려왔다. 아가멤논은 조용히 일어나 말했다.

"잘 들으시오. 제우스 신께서는 내가 고향으로 돌아가기 전에 트로이 시를 빼앗게 해 주시겠다고 약속하였습니다. 그런데 신은 그 약속을 지키지 않으시겠다고 하십니다. 이처럼 불명예스럽게 돌아가라고 하시는군요. 우리는 그 분의 명령에 따라야 합니다. 그렇지만 약한 적과 싸워서 겨우 이 정도의 결과만 얻고 돌아간다면, 얼마나 부끄러운 일로 남겠습니까? 그리스 군과 트로이 군이 휴전을 맺고, 군사의 수를 조사한다고 생각해 보세요. 우리가 열 명씩 짝을 지어서 트로이 사람 한 명에게 술을 따른다고 해도, 우리의 수가 더 많을 거예요. 그렇지만 많은 동맹군들이 그들을 돕고 있지요. 이제 제우스의 아홉 해는 지나갔소. 우리의 상황도 그다지 좋지는 않아요. 배는 썩었고, 집에 있는 아내들은 우리의 귀향을 간절히 바라고 있어요. 자, 이젠 내 말대로 합시다. 뱃길을 돌려 고향으로 돌아갑시다. 우리가 트로이를 무너뜨릴 수 없으니 말이오."

그리스 군은 아가멤논의 속마음을 알지 못했다. 그들의 마음은 모두 고향으로 향해 있었다. 그들은 즐겁게 웃으며 배를 바다로 끌어들였다. 널빤지를 깨끗하게 치우고, 밧줄을 밑에서 걷고, 귀향 준비에만 온 힘을 쏟았다.

그 모습을 본 헤라는 아테나를 불렀다.

"아테나, 저들이 이렇게 돌아가도록 할 것인가요? 어서 저들에게 가서 항해를 멈추도록 타이르도록 해요."

아테나는 급히 그리스 진영으로 내려갔다. 그 곳에서 그는 오디세우스를 찾아냈다. 오디세우스는 함선에 손도 대지 않고 슬퍼하고 있었다.

"오디세우스, 이렇게 고향으로 떠날 건가요? 이 먼 곳에서 많은 그리스 군사들이 목숨을 잃었어요. 그런데도 트로이는 아직 헬레네를 보호하고 있지요. 어서 군사들에게 달려가서, 항해를 거두도록 설득하세요."

오디세우스는 그 목소리가 아테나라는 것을 잘 알고 있었다. 그는 외투를 벗어던지고 달리기 시작했다. 오디세우스는 곧장 장군들을 찾아가서 말했다.

"장군! 어서 가서 군사들에게 제자리를 지키라고 명령하시오. 장군은 아직 아가멤논 장군의 깊은 뜻을 알지 못하는군요. 그분은 우리의 마음을 떠보았을 뿐 진심으로 돌아가고 싶어하지는 않습니다. 회의에서 우리가 그분의 말을 듣지 않았기 때문에 언짢았던 것입니다. 아가멤논 장군의 긍지는 대단하고, 제우스 신은 그를 돕고 있습니다. 그러니 우리는 아가멤논 장군을 화나게 해서는 안 됩니다."

오디세우스는 일반 군사들에게는 소리를 지르며 꾸짖었다.

"비겁한 놈! 너희는 군인이 아니다. 우리의 지도자 아가멤논 장군의 말씀에 귀를 기울여라. 그분의 마음을 잘 생각해 보란 말이다! 그분이 진정으로 우리가 떠나는 것을 원하겠느냐?"

오디세우스가 이렇게 장군들과 군사들을 설득하며 돌아다니자, 모두들 몹시 화를 내며 회의장으로 돌아갔다.

회의장 안에서 델시테스는 여전히 화를 내고 있었다. 그는 그리스 군 중에서 가장 추한 사람이었다. 다리는 굽었는데 한쪽은 절고, 꼽추에다 두 어깨는 오므라들었다. 머리는 위로 올라갈수록 뾰족했고, 머리 꼭대기에는 머리카락이 없었다. 그가 늘 말썽을 부렸기 때문에, 아킬레우스와 오디세우스는 그를 싫어했다. 그런데 이 사람이 아가멤논을 원망하자, 그리스 군은 몹시 화를 냈다. 그러나 델시테스는 그에 아랑곳하지 않고 화를 냈다.

"아가멤논 장군님, 어서 고향으로 돌아갑시다! 우리의 지도자이신 장군께서 우리를 슬픔에 잠기게 하시렵니까? 장군님은 정말 겁이 많군요."

그러자 오디세우스가 말했다.

"우리 중 그 누구도 비열한 사람은 없소. 그런 얘기는 다시는 하지 마시오."

오디세우스는 그에게 매질을 하면서 물러나게 했다. 그는 군사들을 바라보다가 아가멤논에게 말했다.

"아가멤논 장군, 그들은 장군을 웃음거리로 만들려고 하고 있습니다. 그들은 장군께서 트로이를 무너뜨릴 때까지는 고향으로 돌아가지 않겠다고 하신 약속을 잊고 있습니다. 우리는 벌써 9년 동안이나 이 곳에서 싸워왔습니다. 그런데 아무런 성과 없이 고향으로 돌아간다면, 장군께서는 웃음거리가 되지 않겠습니까? 1년만 더 참아 봅시다. 그래야만, 칼카스의 예언이 사실인지 아닌지 알 수 있습니다. 자, 조금만 더 힘을 내서 싸웁시다!"

네스토르도 나서서 말했다.

"맞습니다. 사나이답게 남아서 싸워야 합니다! 아가멤논 장군, 어서 군사들을 전쟁터로 인도하십시오!"

아가멤논이 대답했다.

"네스토르, 장군께서는 정말 훌륭하십니다. 당신 같은 분이 열 분만 더 있었어도, 트로이 시는 우리 손에 들어왔을 것입니다. 그렇지만 제우스 신께서는 소용없는 다툼만을 내리셨습니다. 아킬레우스와 나는 여자 때문에 다투었습니다. 만약 우리가 다시 하나가 될 수 있다면, 트로이 군은 아마 하루 동안은 기운을 차리지도 못할 것입니다. 자, 이제 식사를 하고 싸움터로 나갈 준비를 하십시오. 창을 갈고 방패를 살피시오. 말에 먹이를 배불리 먹이고, 전차를 점검하시오. 온종일 싸울 수 있도록 만반의 준비를 해야 하오. 우리는 조금도 쉴 틈이 없을 테니 말이오. 만에 하나, 어느 누구든지 전쟁을 게을리한다든가 함대에서 꾀를 부리려고 하는 자가 보이면, 그 자를 개의 먹이로 만들 것이오."

아가멤논의 말이 끝나자, 그리스 군은 함성을 지르며 준비를 시작했다. 아가멤논은 살찐 다섯 살짜리 황소를 제우스 신께 바치고, 장군들을 초대했다. 네스토르, 아이아스, 이도메네오스, 오디세우스, 메넬라오스 등이 참석했다. 그들은 보릿가루를 손에 쥐고 황소를 둘러쌌다.

아가멤논은 기도를 시작했다.

"제우스 신이시여! 트로이 시가 무너질 때까지 태양이 기울지 않도록 은혜를 내려 주소서. 내 칼이 헥토르의 심장을 찌를 수 있도록, 그리고 그의 동료들이 죽어 쓰러질 때, 먼지를 뒤집어쓸 수 있도록 해 주시옵소서."

그러나 제우스 신은 그 기도를 들어주지 않았다. 신이 제물을 받았는데도 그들의 불행은 끊이지 않고 있었던 것이다. 모든 의식이 끝나자, 네스토르가 말했다.

"아가멤논 장군, 이제 군사들을 함선에 모이도록 합시다. 즉시 전쟁을 시작해야 하지 않겠습니까?"

아가멤논은 네스토르의 말에 따랐다. 군사들은 눈에 불을 뿜으며 함선으로 모여들었다.

그리스 군이 전쟁 준비에 한창일 때, 트로이 군도 전쟁 준비를 하고 있었다. 제우스가 무지개의 여신 이리스를 보내서 아킬레우스의 이야기를 전했던 것이다. 아킬레우스가 전쟁에 나서지 않는다는 소식을 들은 트로이 군은, 전쟁에 이기기라도 한 것처럼 기뻐했다.

다시 전쟁이 시작되었다. 그리스 군과 트로이 군은 팽팽하게 맞섰다.

그 날, 파리스가 표범 가죽을 양쪽 어깨에 걸치고, 활과 칼을 휘두르며 트로이 군의 지휘를 맡고 있었다. 그 사실을 알게 된 메넬라오스는 파리스 앞으로 달려갔다.

"잘 만났다! 결코 너를 살려 두지 않겠다!"

메넬라오스를 보자, 파리스는 부들부들 떨며 자기 진영으로 도망치기 시작했다.

그 모습을 본 헥토르가 말했다.

"이 비열한 놈아! 이 전쟁이 누구 때문에 일어났느냐? 그 이유를 알면서도 이렇게 약한 모습을 보인단 말이냐? 네가 헬레네를 데리고 올 때도 그렇게 비열했단 말이냐?"

"형님, 기회를 주십시오. 메넬라오스가 갑자기 나타나서 놀랐을 뿐, 그를 무서워하는 것은 아닙니다. 제 손으로 그 자를 꺾겠습니다. 메넬라오스와 단둘이 싸우겠습니다. 어느 편이든 이기는 쪽이 헬레네와 보물을 차지하도록 해 주세요. 그런 후에는 양쪽이 우정을 돈독하게 하고, 평화롭게 지내도록 해 주세요."

파리스는 헥토르에게 애원했다.

헥토르는 그리스 군 쪽을 보며 소리쳤다.

"한 가지 제안을 하겠소. 지금 파리스는 메넬라오스와 싸우기를 원합니다. 그 싸움에서 이기는 사람이 헬레네와 보물을 차지하도록 합시다. 이 지겨운 전쟁을 끝내야 하지 않겠습니까?"

그러자 메넬라오스가 대답했다.

"좋습니다. 이 전쟁은 파리스 때문에 시작된 것이니, 직접 해결을 해야지요. 이 전쟁 때문에 너무도 많은 군사들이 목숨을 잃고 고통받았습니다. 우리 둘이 싸워서 누가 죽든지 시체는 신에게 바치고, 깨끗하게 전쟁을 끝내기로 합시다. 흰 수양과 검은 암양을 한 마리씩 가져다 주시오. 태양과 땅에 바치도록 합시다. 그리고 제우스 신께 바칠 제물도 준비해야 합니다. 그리고 프리아모스 왕을 모시고 맹세합시다! 젊은 사람의 마음은 움직이기 쉽지만, 노인은 그렇지 않습니다. 프리아모스 왕께서는 양편의 뒤를 살펴서 가장 좋은 방법을 깨닫도록 해 주실 것입니다."

그리스 군과 트로이 군은 전쟁이 끝날 것이라는 사실에 기뻐하며, 준비를 시작했다. 헥토르와 아가멤논은 양을 구해 오게 하고, 프리아모스 왕을 데려왔다.

그 때, 이리스는 프리아모스의 딸 라오디세의 모습을 하고 헬레네에게 갔다.

"저기를 좀 보세요. 이제 싸움을 멈추려나 봐요. 모두 무기를 내려놓고 있잖아요. 메넬라오스와 파리스가 당신을 놓고 결투를 한대요. 그래서 이기는 사람이 당신의 남편으로 남을 거래요."

이 말을 들은 헬레네는 금세 눈물을 떨어뜨렸다. 곧 그녀는 성문 쪽으로 갔다. 그 곳에 있던 프리아모스는 헬레네를 불렀다.

"애야, 나는 너를 원망하지 않는단다. 다만, 이 전쟁이 지속되도록 하는 신들이 미울 뿐이야. 저기 저 기품 있는 커다란 사람은 누구니? 지금까지 저렇게 수려한 사람은 본 적이 없는 것 같구나."

"아버님, 제가 딸을 버리고 파리스를 따라 이 곳에 왔을 때, 저는 슬픔에 빠져서 지내야 했습니다. 차라리 죽는 것이 나을 것 같았습니다. 그런데 아버님께서 그렇게 말씀해 주시니, 어떤 말로 감사를 드려야 할지 모르겠어요. 아버님, 정말 고맙습니다. 저 사람은 아가멤논 왕입니다. 훌륭한 왕이며 용감한 군인이지요."

"저기 아가멤논보다는 작고, 어깨가 넓으며 가슴이 떡 벌어진 사람은 누구니? 많은 군사들 중에서도 눈에 확 들어오는구나."

"이타케의 왕 오디세우스입니다. 오디세우스의 지혜는 그 누구도 따라갈 수가 없지요."

"또 저 사람은 누구니? 다른 사람들 위로 머리 하나가 더 있구나."

"네, 저 거인은 아이아스라는 사람입니다. 그의 힘은 정말 대단하지요."

이제 양과 술이 준비되었다. 이다이오스는 프리아모스에게 다가왔다.

"그리스 군과 트로이 군의 우정과 평화를 위한 서약을 해 주십시오."

프리아모스가 평원에 도착하자 의식이 시작되었다. 그들은 제우스 신께 간절히 기도했다.

얼마 후, 파리스와 메넬라오스의 결투가 시작되었다. 헥토르와 오디세우스는 장소를 정하고, 투구에 넣은 주사위를 던져서 창을 던지는 차례를 정했다. 헥토르가 뒤돌아보며 투구를 흔들자, 파리스의 주사위가 나왔다.

그 동안 파리스와 메넬라오스는 무장을 갖추고 있었다. 두 사람은 아무런 표정도 없이 가운데로 걸어나왔다. 먼저 파리스가 메넬라오스를 향해 창을 던졌다. 메넬라오스는 재빨리 방패로 막았다. 파리스의 창은 끝이 구부러진 채 땅으로 떨어지고 말았다. 메넬라오스는 제우스에게 기도를 올리며 창을 던졌다.

"저놈을 한번에 물리칠 수 있는 힘을 주소서!"

무섭게 날아간 창은 파리스의 갑옷을 가르고, 갑옷 속의 조끼까지 찢었다. 그렇지만 파리스의 목숨까지 빼앗지는 못했다. 메넬라오스는 칼을 빼들고 다시 파리스에게 달려들었다. 메넬라오스가 파리스의 투구의 뿔을 치자, 칼날이 서너 조각으로 갈라지며 떨어지고 말았다.

"제우스 신이시여, 저놈을 한번에 물리치려고 했는데, 제 칼과 창이 부러지고 말았습니다. 이제는 그를 찌를 수가 없군요."

메넬라오스는 제우스를 원망하며, 맨손으로 파리스에게 달려들었다. 메넬라오스는 파리스의 투구를 잡아당기며 이리저리 끌고 다녔다. 이제 파리스의 목숨은 메넬라오스에게 달려 있었다. 파리스는 점점 숨이 막혀왔다.

그런데 그 때, 아프로디테가 얼른 투구의 끈을 끊어 주었다. 그 바람에 메넬라오스는 뒤로 넘어지고 말았다. 메넬라오스가 다시 일어났을 때, 어디에서도 파리스의 모습을 찾을 수가 없었다. 파리스가 불리해지자, 아프로디테는 자신의 옷소매로 파리스를 감싸서 궁전으로 데리고 갔던 것이다. 그 때, 아프로디테는 늙은 부인의 모습을 하고 헬레네 앞에 나타났다.

"헬레네, 어서 궁전으로 가 보세요. 파리스가 당신을 기다리고 있어요."

헬레네는 서둘러 파리스에게 갔다.

"왜 돌아오셨습니까? 나는 당신이 정정당당하게 싸우기를 원했습니다. 어서 가서 메넬라오스와 싸우세요. 아니, 가지 마세요. 당신은 아마 메넬라오스의 창에 목숨을 잃을지도 몰라요. 이렇게 겁이 많으니까요."

"헬레네, 나를 비웃지 말아요. 아테나 여신께서 메넬라오스를 도우셨기 때문에 그가 이긴 것이오. 이제는 내가 이길 차례요. 나를 도울 신들도 많이 계시거든."

그 때, 헥토르가 안으로 들어왔다.

"우리 군사들이 저 땅에서 싸우며 죽음을 맞이하고 있는데, 지금 뭐하는 건가?"

"저를 꾸중하심은 당연합니다. 그러나 제 말씀을 좀 들어 보세요. 제가 여기에 있는 것은 무서워서가 아닙니다. 제가 갑옷을 입는 동안 기다려 주시든지, 아니면 먼저 출발하세요. 분명히 따라가겠습니다."

헥토르는 대답하지 않았다. 그러자 헬레네가 나서서 말했다.

"아주버님, 저는 어떻게 해야 할지를 모르겠습니다. 이 모든 일이 죄 많은 저 때문에 일어났습니다. 차라리 세상에 태어나지 않았더라면 얼마나 좋았을까요? 그러나 신들께서 이런 운명을 주신 이상, 저는 훌륭한 분의 아내가 되어 살고 싶었습니다. 그런데 파리스는 줏대가 없고 약합니다. 앞으로도 그러겠지요. 들어오셔서 잠시 쉬세요. 저희의 죄 때문에 아주버님까지도 이렇게 고통을 당하고 계시네요."

"아닙니다. 난 조금도 지체할 수 없습니다. 병사들이 나를 기다리고 있습니다. 그러니 파리스가 어서 나를 따라서 싸움터로 오도록 해 주세요. 나는 이제 안드로마케와 아들을 보러 집으로 가겠소. 내가 다시 돌아올 수 있을지, 아니면 저 그리스 군의 손에 쓰러질지 모르니까요."

헥토르는 서둘러서 집으로 갔다. 방에 들어갔지만 그는 안드로마케를 볼 수 없었다. 안드로마케는 성벽 위에 올라가서 울고 있었기 때문이었다. 헥토르는 하녀들에게 물었다.

"안드로마케가 집을 떠나 어디로 간 것이오? 내 누이들에게 갔나요, 아니면 제수들에게 갔나요?"

"마님께서는 지금 성벽 위에 올라가 계십니다. 그리스 군이 훨씬 우세하다는 소식을 들으시고 몹시 상심하셨습니다."

하녀의 말이 끝나자, 헥토르는 다시 집을 나와 성으로 발걸음을 옮겼다. 저 앞에서 헥토르의 아내 안드로마케는 아들 스카이만드로스 왕자를 안고 달려왔다. 사람들은 왕자를 아스티아낙스(도시의 왕)라고 불렀다. 왕자의 아버지가 뛰어난 지도자이기 때문이었다.

"여보!"

안드로마케의 눈에서는 눈물이 뚝뚝 떨어졌다.

"안드로마케, 갑자기 왜 우는 거요?"

"헥토르, 저는 겁이 나서 견딜 수가 없어요. 당신이 이대로 돌아오지 못할 것만 같아요. 오늘만이라도 그냥 우리 아기 곁에 계시면 안 돼요?"

헥토르는 안타까운 눈빛으로 아내를 바라볼 수밖에 없었다. 안드로마케는 눈물을 흘리며 말을 이었다.

"아버님도 돌아가시고, 제 일곱 오빠들도 목숨을 잃었어요. 마지막 남은 어머니는 아르테미스 여신의 노여움을 사서 돌아가시고 말았어요. 이제 제가 의지할 사람은 당신뿐이에요. 제게 당신은 아버지며, 어머니이고, 오빠이기도 해요. 그런데 당신마저도 잘못된다면, 저는 어떻게 살아야 하나요?"

"안드로마케, 나 역시 불안해요. 그렇지만 나는 트로이의 총사령관이오. 부하들이 피흘리며 싸우는 모습을 뒤에서 바라보라는 말이오? 언젠가 이 도시가 무너지리라는 것은 알고 있소. 그렇지만 그 마지막 순간이 올 때까지 나는 내 자리를 지킬 것이오. 그것만이 나와 당신의 명예를 지킬 수 있는 방법이오."

헥토르는 괴로운 듯 한참 동안 고개를 숙이고 있었다. 얼마 후, 그는 아들을 품에 안았다. 그리고 기도를 올렸다.

"이 아이를 보살펴 주시옵소서. 씩씩하고 건강하게 자라서 훌륭한 장군이 될 수 있도록 도와주십시오. 그리하여 나라를 굳게 지킬 수 있는 믿음직한 왕이 될 수 있게 해 주십시오. 아버지보다 훨씬 낫다고 칭찬받을 수 있는 위대한 왕이 되게 해 주십시오."

기도를 마친 후, 헥토르는 아들을 안드로마케에게 안겨 주었다.

"안드로마케, 내 운명이 다할 때까지는 그 누구도 나를 하데스 신에게로 보내지 못할 것이오. 자, 집으로 돌아가서 길쌈이며 실을 잣는 일 등, 할 일을 게을리하지 말고, 하인들을 잘 관리하도록 하시오. 전쟁은 남자들, 특히 내가 할 일이오."

안드로마케는 눈물을 흘리며 집으로 돌아갔다. 집 안은 헥토르가 살아 있는데도 슬픔에 잠겨 있었다. 파리스도 집에 오래 머무르지 않고 싸움터로 돌아갔다.

"형님, 빨리 돌아오지 못해서 죄송합니다."

"파리스, 자네는 훌륭한 장군이다. 하지만 자네는 부주의하고 게을러. 트로이 군들이 자네에게 안 좋은 말을 할 때면 마음이 참 슬프다네. 자, 떠나자! 제우스 신께 우리의 승리를 감사할 수 있도록 온 힘을 다해 싸우자."

메넬라오스는 파리스를 찾기 위해 트로이 군 사이를 뛰어다녔다. 하지만 그 어디에서도 찾을 수 없었다. 그 모습을 지켜보던 아가멤논이 나서서 말했다.

"하하하! 겁쟁이 파리스가 어디로 도망을 쳤군! 이 싸움은 누가 보아도 메넬라오스의 승리입니다. 어서 헬레네와 보물을 주시오! 이 지겨운 전쟁이 이제야 끝나겠군요."

제우스와 헤라는 올림포스 산에서 파리스와 메넬라오스의 결투를 지켜보고 있었다. 헤라는 전쟁이 끝나서 트로이가 무너지지 않을까 봐 걱정하고 있었다.

"왜 그렇게 트로이를 무너뜨리려고 하는 거요?"

"제 뜻대로 할 수 있도록 내버려두세요. 당신이 내가 아끼는 도시를 없앤다 해도 가만히 있을 테니까, 이번만은 제 맘대로 할 수 있게 해 주세요."

그러자 제우스는 아테나를 트로이 군사들에게 보냄으로써 그리스 군사들과의 맹세를 깨뜨리도록 했다. 다시 전쟁을 일으키려는 생각이었던 것이다.

헤라만큼 트로이를 무너뜨리고 싶어하는 아테나는 서둘러 트로이 진영으로 갔다. 그녀는 안테노르의 아들 라오도쿠스로 변장해서 판다로스를 찾아갔다. 판다로스는 리카온의 아들인데, 활을 무척 잘 쏘았다. 그의 활은 아폴론이 준 것이기도 했다.

"이봐! 메넬라오스의 목숨을 가져오는 게 어때? 그러면 파리스 장군은 자네를 무척 자랑스럽게 생각하겠지? 전쟁이 끝나고 고향으로 돌아가면 자네는 큰 부자가 될 거야."

판다로스는 그 말에 따르기로 했다. 그는 동료들의 방패 뒤에 숨어서 메넬라오스를 겨냥했다. 화살은 메넬라오스의 갑옷을 뚫고, 몸 한 가운데에 박혔다. 아테나가 화살의 속도를 늦추지 않았다면, 메넬라오스는 목숨을 잃고 말았을 것이다.

그 모습을 본 아가멤논은 소리쳤다.

"이제 우리에게 남은 것은 전쟁뿐이다! 약속을 지키지 않는 비겁한 자들과 협상할 필요는 없다!"

다시 시작된 전투는 이전보다 더욱 치열해 졌다. 신들도 전쟁에 끼어들었다. 아레스는 트로이 군을 도왔고, 아테나는 그리스 군을 도왔다. 아레스의 두 아들 데이모스와 포보스도 전쟁에 뛰어들었고, 에리스도 이 곳저곳을 뛰어다니며 싸움을 부추겼다.

아가멤논, 아이아스, 오디세우스, 디오메데스, 메넬라오스 같은 그리스의 장군들이 앞장서서 싸웠다. 아이아스는 트로이의 시모에이시우스를 때려죽였다. 아이아스가 시모에이시우스의 갑옷을 벗기고 무기를 빼앗고 있을 때, 프리아모스의 아들 안티포스가 창을 던졌다. 그런데 그 창은 아이아스 옆에 있던 오디세우스의 친구 레우코스를 맞히고 말았다.

친구가 죽자, 오디세우스는 슬픔에 싸여 트로이 군을 공격했다. 오디세우스의 무서운 기세에 트로이 군은 주춤할 수밖에 없었다. 그러자 아폴론이 나타나 트로이 군을 격려했다. 트로이 군은 새 힘을 얻어 다시 앞으로 나아갔다.

트로이의 판다로스는 디오메데우스를 향해 화살을 쏘았다. 화살은 디오메데스의 어깨로 날아가 디오메데스에게 상처를 입혔다. 판다로스는 트로이 군을 보며 외쳤다.

"하하, 내가 그리스의 장군을 쓰러뜨렸소. 이제 디오메데스는 내 앞에 쓰러지고 말겠지."

그렇지만 디오메데스는 벌떡 일어나 다시 공격을 시작했다. 아테나가 다가와 격려를 해 주었던 것이다. 디오메데스는 판다로스를 찾아다녔다. 그는 전차를 타고 오는 판다로스를 발견할 수 있었다. 판다로스는 아프로디테의 아들 아이네이아스와 함께 오고 있었다. 디오메데스는 판다로스와 아이네이아스 앞으로 다가갔다.

"오, 디오메데스, 상처를 입고도 무사한가 보군. 이번에도 그럴 수 있을까?"

판다로스는 디오메데스를 향해 창을 던졌다. 창은 디오메데스의 갑옷을 뚫고 들어갔지만, 상처를 입히지는 못했다.

"이번에는 네가 상처를 입을 차례구나!"

디오메데스는 판다로스를 향해 무거운 창을 던졌다. 창은 판다로스에게로 정확히 날아갔고, 그는 목숨을 잃고 말았다.

그리스 군이 판다로스의 시체를 가져가서 모욕할까 봐 두려웠던 아이네이아스는, 아무도 다가오지 못하도록 창과 방패를 마구 휘둘렀다. 그러나 디오메데스는 커다란 바위를 아이네이아스에게 던져서 다리를 부러뜨렸다.

그러자 아프로디테가 나타나서 아들을 데려갔다. 그러나 디오메데스는 아프로디테에게까지 창을 던져 상처를 입혔다. 그 바람에 아프로디테는 아이네이아스를 땅에 떨어뜨리고 말았다.

아프로디테는 아픈 팔을 부여잡고 올림포스로 올라갔다.

"어떻게 신인 저에게 이럴 수가 있지요?"

"아프로디테, 너는 사랑의 여신이 아니더냐. 전쟁에는 관여하지 말거라."

아이네이아스가 땅에 떨어졌을 때, 아폴론이 그를 구하러 갔다. 디오메데스는 아폴론까지도 공격하려고 했다.

"디오메데스, 네가 감히 신들을 이길 수 있을 거라고 생각하느냐? 어서 물러가거라."

아폴론의 말에 디오메데스는 창을 거두었다. 아이네이아스는 신들의 도움으로 상처를 치료받고, 트로이 군에게로 돌아갔다. 아폴론은 아레스를 찾아가 하소연했다.

"저 디오메데스 녀석이 신들에게 도전을 하는군요. 저 녀석을 혼내줍시다!"

아레스는 트로이의 헥토르와 사르페돈을 전쟁터로 내보냈다. 리키아의 왕인 사르페돈은 제우스의 아들이었다. 두 사람이 앞에 나서자 그리스 군은 뒷걸음질쳤다.

그러나 헤라클레스의 아들 틀레폴레모스는 사르페돈과 맞섰다. 틀레폴레모스와 사르페돈은 동시에 창을 던졌다. 틀레폴레모스의 창은 사르페돈의 다리에 상처를 입혔지만, 틀레폴레모스는 목숨을 잃고 말았다.

그 모습을 지켜본 오디세우스는 사르페돈의 군대를 향해 달려들었다. 순식간에 일곱 명이 쓰러지고 말았다.

그러자 아레스의 지원을 받는 헥토르가 나서서 그리스 군 여섯 명을 죽였다.

헤라는 가만히 두고 볼 수가 없었다.

"제우스, 아레스가 나서지 못하도록 해 주세요. 이러다가는 트로이가 이기겠어요!"

제우스는 전쟁터로 아테나를 보냈다. 아테나는 디오메데스를 이용해서 아레스에게 상처를 입혔다. 아레스는 그렇게 물러날 수밖에 없었다.

헥토르와 아이아스의 결투

갑자기 헥토르가 싸움을 중단시켰다. 이 모습을 본 아가멤논도 군사들을 뒤로 밀쳤다.

"내 말을 들어주시오! 우리 더 이상 가슴 아픈 일은 만들지 맙시다. 그리스의 장군 한 명과 내가 일 대 일로 싸우도록 합시다. 제우스 신을 증인으로 삼고 싸웁시다. 그리스의 장군이 이기면 내 무기를 가져가고, 내 시체는 내 백성들에게 돌려주시오. 내가 이기면 그의 무기를 갖고, 헬레스폰토스 해협 끝에 묻어 주겠소."

그리스 군 사이에는 침묵만이 흘렀다. 그러자 메넬라오스가 나섰다.

"내가 헥토르와 싸우겠소. 용기 있는 장군이 이렇게 없단 말이오?"

그러나 아가멤논이 메넬라오스를 막았다.

"헥토르는 아킬레우스도 두려워하는 장군이다. 그런데 네가 맞서겠다고? 가만히 있거라."

아가멤논은 다른 장군을 찾아보기로 했다. 그 때, 필로스의 왕 네스토르가 나서서 말했다.

"내가 젊었을 때에도 이런 일이 있었습니다. 우리 필로스가 아르카디아와 싸울 때였지요. 에레우탈리온은 우리 장군 중 한 명과 겨루겠다고 했습니다. 에레우탈리온은 힘이 무척 세고 체격도 컸기 때문에, 모두들 나서기를 꺼렸지요. 그래서 가장 어렸던 내가 에레우탈리온과 싸우게 되었습니다. 아테나 여신께서 내 편을 들어주셔서, 나는 에레우탈리온을 이길 수 있었습니다. 그 때의 젊음과 패기를 되찾을 수만 있다면, 당장 저 헥토르와 맞서고 싶군요! 지금 우리에게 헥토르를 쓰러뜨릴 만한 사람이 없다니, 참으로 마음 아픈 일입니다."

그 말을 들은 그리스의 장군들은 서로 나가겠다고 다투었다. 제비뽑기로 싸움에 나갈 장군이 결정되었다. 그는 바로 텔라몬의 아들 아이아스였다.

아이아스와 헥토르는 긴장을 늦추지 않고 마주 섰다.

"우리 정정당당하게 싸웁시다!"

"좋소! 남자답게 속임수 따위는 쓰지 말도록 합시다!"

헥토르가 먼저 창을 던졌다. 창은 아이아스의 방패까지 날아가기만 했을 뿐 방패를 뚫지는 못했다. 그러나 아이아스가 던진 창은 헥토르의 방패를 뚫었다. 헥토르는 겨우 몸을 피해 죽음에서 벗어났다.

다시 두 사람은 창을 던졌다. 헥토르의 창은 아이아스의 방패에 맞아 구부러졌고, 아이아스의 창은 헥토르의 목을 스쳤다. 약이 오른 헥토르는 커다란 돌을 아이아스에게 던졌다. 그러나 아이아스는 작은 상처도 입지 않았다. 아이아스는 크나큰 바위를 들어서 헥토르에게 던졌다. 그 바위에 헥토르는 넘어질 수밖에 없었다. 그렇지만 아폴론의 도움으로 다시 일어설 수 있었다.

서서히 어둠이 깔려갈 즈음, 두 사람의 부하 델디비오스와 이다에오스가 달려왔다.

"그만두시오. 이렇게 싸움이 길어지는 것을 보니, 제우스 신은 그 누구도 목숨을 잃는 것을 바라지 않는 것 같소. 싸움을 끝내도록 합시다."

아이아스가 말했다.

"이다에오스, 그 말을 헥토르에게 먼저 꺼내시오. 우리에게 도전한 자는 바로 그였으니까, 난 그의 말에 따르도록 하겠소."

그러자 헥토르가 말했다.

"아이아스, 우리 싸움은 이만 멈추기로 합시다. 나중에 신들께서 우리 중 누군가에게 승리를 안겨 주시기로 결정하셨을 때, 다시 싸웁시다. 이제 우리를 위해 기도하고, 마음 졸였던 군사들과 그 부인들에게 위안을 줍시다."

헥토르는 아이아스에게 칼을 선물했고, 아이아스는 진홍빛 허리띠를 선물했다.

헥토르와 아이아스의 결투는 그렇게 끝이 났다.

헥토르가 거인 아이아스의 손에 해를 당하지 않고 돌아오자, 트로이 군은 무척 기뻐했다. 그리스 군도 무척 기뻐하며, 아이아스를 아가멤논에게 데려갔다.

아가멤논은 황소를 잡아 잔치를 벌였다. 배불리 먹고 마신 후, 네스토르가 일어났다.

"이제 이 전쟁을 그만둡시다. 많은 군사들이 목숨을 잃었소. 아침이 되면 그들의 시체를 가져와서 화장합시다. 그들의 뼈를 가족들에게 돌려주어야 하지 않겠습니까? 자, 어서 그들을 위한 무덤을 쌓읍시다. 그리고 무덤에 이어서 우리 함대와 막사를 보호할 수 있는 성벽과 요새를 쌓읍시다."

모두들 그의 말에 찬성했다. 그 때, 트로이에서도 회의가 열리고 있었다. 먼저 안테노르가 말했다.

"잘 생각해 보시오. 헬레네와 보물을 훔친 것은 신들의 뜻에 어긋나는 일이었소. 그러니 신들이 우리에게 승리를 내려주시지는 않을 것이오."

그러자 파리스가 나섰다.

"보물은 얼마든지 돌려줄 수 있소. 그들이 보물을 더 원한다면, 내 것까지도 주겠소. 하지만 헬레네는 돌려줄 수 없소!"

프리아모스도 파리스의 말에 동의했다.

"아침이 되면 아가멤논에게 파리스의 이야기를 전하도록 합시다. 만약에 거절한다면, 전사자들의 장례를 치를 수 있도록 잠시만이라도 전쟁을 중단하자고 합시다."

프리아모스는 이다이오스를 아가멤논에게 보냈다. 이다이오스의 이야기가 끝나자, 디오메데스는 소리쳤다.

"파리스의 말을 믿을 수 없습니다! 조금만 더 공격하면 트로이를 무너뜨릴 수 있습니다. 그런데 이제 와서 전쟁을 끝내자는 말입니까?"

다른 장군들도 전쟁을 끝낼 뜻은 없었다. 아가멤논은 이다이오스에게 말했다.

"우리의 뜻을 분명히 들었는가? 전쟁은 계속될 것이다. 그러나 전사자들의 장례를 치르는 일에는 우리도 찬성이다."

다음 날, 양쪽 군은 시체를 운반하기 시작했다. 그들은 나무 위에 시체들을 쌓고 화장했다.

제우스의 도움

제우스는 신들을 불러 말했다.

"이제부터 그 누구도 싸움에 끼어들지 마시오. 내 말에 따르지 않는다면 무사하지 못할 것이오!"

신들은 제우스가 두려워서 아무 말도 할 수 없었다. 제우스는 이다 산에 올라가서, 트로이 군이 이기도록 싸움을 이끌었다. 장례를 마친 양쪽 군은 다시 싸우기 시작했다. 제우스는 돌진하려는 그리스 군 위에 벼락을 내렸다. 그리스 군이 혼란에 빠져 있는 사이 트로이 군은 닥치는 대로 공격했다.

네스토르는 파리스의 화살을 맞아 상처를 입었지만, 그리스 군은 도망치기 바빠서 그 누구도 네스토르를 돌보지 않았다. 한참 후에, 디오메데스가 네스토르를 발견했다.

"어서 제 전차에 오르십시오. 서두르셔야 합니다!"

네스토르는 디오메데스의 전차에 올라서 채찍을 휘둘렀다. 그런데 그때 헥토르가 그를 막으려고 했다.

"감히 내 앞길을 막는 것이냐?"

디오메데스는 헥토르를 향해 창을 날렸다. 창은 헥토르의 전차를 끄는 마부를 맞히고 말았다. 결국 헥토르는 물러나야만 했다. 헥토르가 물러나자, 디오메데스는 트로이 군을 향해 달려갔다. 그러나 제우스가 디오메데스의 말굽에 벼락을 떨어뜨리는 바람에 멈추어야만 했다.

"아무래도 제우스 신의 경고 같습니다. 이만 돌아갑시다!"

네스토르는 디오메데스를 말렸다.

"그렇지만 내가 이렇게 도망치면, 헥토르가 얼마나 기뻐하겠습니까? 차라리 죽는 게 낫겠습니다."

디오메데스는 헥토르를 향해 달리려고 했다. 그렇지만 네스토르는 재빨리 방향을 바꾸었다.

그러자 헥토르가 소리쳤다.

"이봐! 디오메데스! 내가 그렇게 두려운가? 너를 따르는 그리스 군이 불쌍하구나."

디오메데스는 헥토르를 공격하자고 세 번이나 우겼지만, 그 때마다 제우스는 벼락을 내려 경고했다.

그리스 군에게 불리한 상황이 계속되었다. 아가멤논은 어깨를 늘어뜨리고 장군들에게 말했다.

"제우스 신께서 트로이를 돕고 계십니다. 우리가 아무리 열심히 싸운다 해도, 트로이를 무너뜨릴 수는 없을 것입니다. 이제 각자 고향으로 돌아갑시다."

그러자 디오메데스가 말했다.

"총사령관께서 그런 약한 말씀을 하시면 우리는 어떡합니까? 우리는 절대 이대로 돌아갈 수 없습니다. 죽는 한이 있어도 트로이와 싸우겠습니다. 돌아가려거든 혼자 가십시오!"

곧이어 네스토르가 말했다.

"제우스 신께서 왜 트로이를 돕게 됐는지 아십니까? 아가멤논 장군께서 브리세이스를 빼앗았기 때문에 이런 일이 벌어진 것입니다. 우리에겐 아킬레우스가 있어야만 트로이를 이길 수 있습니다. 어서 아킬레우스에게 빼앗은 것들을 돌려주고 사과하십시오. 그가 돌아오는 것이 우리에겐 최선의 방법입니다."

그제야 아가멤논은 자신의 잘못을 깨달았다.

"아킬레우스 장군의 마음을 돌릴 수 있다면, 브리세이스뿐만 아니라 다른 보물도 내놓겠소."

아가멤논은 오디세우스, 아이아스, 그리고 포이닉스를 아킬레우스에게 보냈다. 아킬레우스를 찾아간 세 사람은 그를 만나자마자 설득하기 시작했다.

"장군, 지금 우리 그리스는 몹시 위험한 상황입니다. 장군의 도움이 필요해요. 아가멤논 장군도 브리세이스를 돌려주고 사과하겠다고 하셨으니, 이제 나쁜 감정은 잊어버리고 돌아오십시오."

"이제 와서 돌려주겠다고요? 그 어떤 보물을 준다고 해도 내 마음은 변하지 않을 것입니다. 소용없습니다. 나는 절대로 돌아가지 않겠습니다!"

잠시 후, 아킬레우스는 어렸을 때부터 친구인 포이닉스에게 말했다.

"우리 함께 고향으로 돌아가세."

"지금 떠나자는 말인가? 이때까지 함께 한 동료들이 죽어가는데도, 모른 척하겠다는 건가? 훌륭한 장군이라면 인정도 갖고 있어야 하네. 아가멤논 장군은 진심으로 사과하겠다고 했어. 그런데도 그 마음을 받지 않겠나?"

"포이닉스, 아가멤논 때문에 상처입은 내 자존심에 대해서도 생각해 주게. 자네가 계속 내 마음을 생각해 주지 않는다면, 나는 자네까지도 적으로 생각할 수밖에 없어."

세 사람은 아킬레우스를 설득하지 못한 채 아가멤논에게 돌아왔다.

적진으로 간 디오메데스와 오디세우스

세 사람의 말을 들은 디오메데스가 아가멤논에게 말했다.

"제 생각에 아킬레우스는 쉽게 마음을 바꾸지 않을 것 같습니다. 아킬레우스가 없었다고 생각하고 작전을 짜도록 합시다. 그리고 아킬레우스의 성격으로 볼 때, 전쟁의 막바지에 이르면 스스로 나올 것입니다."

디오메데스의 말에 모두들 고개를 끄덕였다. 깊은 밤, 모두가 깊이 잠들었지만 아가멤논은 잠을 이룰 수가 없었다. 그는 막사 앞으로 나와서 트로이 진영을 바라보았다.

'저 움직임은 뭐지? 분명 무슨 꿍꿍이가 있는 게 분명해!'

아가멤논은 서둘러 네스토르에게 갔다.

"네스토르 장군! 어서 일어나서 트로이 진영을 좀 보시오. 횃불을 들고 왔다갔다하는 모습을 보니 우리를 습격하려는 것 같소."

상황이 심각하다는 것을 깨달은 네스토르는 긴급 회의를 열도록 했다.

"적들의 계획을 미리 알아야 내일 싸움에서 이길 수 있소. 적진에 몰래 들어가 그들의 작전을 알아낼 사람들을 뽑아야 합니다. 누가 맡겠소?"

그러자 아이아스, 디오메데스, 메넬라오스, 오디세우스 등이 나섰다.

잠시 생각하던 아가멤논이 결정을 내렸다.

"디오메데스 장군이 가장 적합하다고 생각합니다. 장군은 누구와 함께 가고 싶소?"

"오디세우스 장군과 가겠습니다. 그는 지혜롭고 용감하며 신의 보호를 받고 있습니다. 그러니 아무리 위험한 일이 닥치더라도 이겨 낼 수 있을 것입니다."

디오메데스의 칭찬에 오디세우스는 멋적은 듯 얼굴을 붉혔다. 곧, 두 사람은 무장을 갖추고 적진을 향해 떠났다. 그들이 숲 속을 지날 때였다. 아테나의 심부름꾼인 라이에르라는 새가, 모습은 나타내지 않은 채

이상한 소리로 울며 지나갔다.

"아테나 여신께서 우리를 도와주시겠다는 뜻일 거야. 좋은 일이 있을 것 같은걸!"

두 사람은 그 자리에서 무릎을 꿇고 아테나에게 기도했다.

"아테나 여신이시여, 저희를 보호하여 주십시오!"

"저희를 지켜 주신다면 황금 뿔을 가진 소를 바치겠습니다."

두 사람은 더욱 용기를 내어서 적진을 향해 달려갔다.

그 때, 트로이 진영에서도 적진으로 보낼 사람들을 뽑고 있었다. 그들 역시 그리스 군과 같은 생각이었던 것이다.

"저를 보내 주십시오. 무슨 일이든지 잘해 낼 자신이 있습니다."

그는 돌론이라는 계급이 낮은 병사였다.

"우리의 미래는 자네에게 달렸네. 일을 잘 마치고 돌아오길 바라네."

헥토르는 돌론을 격려했다.

돌론은 이리 가죽을 뒤집어쓰고 적진을 향해 달려갔다. 그가 한참 달려가고 있을 때였다.

"디오메데스, 저것 좀 보게! 저기 이상한 동물이 움직이고 있어. 아마도 적의 염탐꾼이거나 시체를 훔치려는 도둑일 거야. 우리를 지나쳐 가게 두었다가 뒤따라가서 잡도록 하세."

오디세우스가 돌론의 모습을 보았던 것이다. 그런 줄도 모르고 돌론은 속도를 늦추지 않고 재빠르게 달려갔다. 그가 앞으로 지나가자, 오디세우스와 디오메데스는 돌론의 뒤를 쫓았다.

얼마 후, 돌론은 누군가가 자신의 뒤를 따르고 있다는 사실을 깨달았다.

'어떡하지? 돌아가기엔 너무 멀리 왔는데……'

돌론은 부두 쪽으로 재빠르게 달아났다. 그러는 사이 돌론은 그리스 군이 있는 곳까지 오게 되었다.

"거기 서라! 당장 멈추지 않으면 무사하지 못할 것이다!"

디오메데스는 창을 휘두르며 뒤따라왔다. 디오메데스가 던진 창은 돌론의 어깨를 스치고 땅에 꽂혔다. 그러자 돌론은 그 자리에 멈춰 서서 어쩔 줄을 몰랐다.

"제발 살려 주십시오. 살려만 주신다면 충분히 사례를 하겠습니다."

"뭐야? 우리가 그런 좀도둑으로 보이냐? 이 밤에 무엇 때문에 여기까지 왔는지 말해라. 사실대로 말하지 않으면 절대로 살아 돌아가지 못할 것이다."

돌론은 부들부들 떨며 말했다.

"저, 저는 헥토르 장군의 명령을 받고 왔습니다. 적진의 상황을 파악하라고 하셨습니다."

"허허, 우리가 묻는 말에나 똑바로 대답해라. 네가 떠날 때 헥토르는 어디에 있었느냐? 또 그의 무기와 말은 어디에 있느냐? 어떤 계획으로 우리를 공격하려고 하느냐? 어서 대답해라!"

"모두 말씀드리겠습니다. 헥토르 장군은 지금 장군들을 모아 회의를 열고 있습니다."

"너희 동맹군들은 너희와 함께 있느냐?"

"바닷가에서는 카리안, 파이오니안, 헬레간 병사와 펠레스기안 군대가 진을 치고 있습니다. 그 맞은편에는 리키안, 미시안, 프리기안 군대가 있습니다. 트로이 진영으로 들어가시려고 묻는 것입니까? 그렇다면 가장 먼저, 트라키아 군대를 공격하십시오. 트라키아 군은 레소스 장군이 지휘하고 있습니다. 그의 말들은 제가 지금까지 본 것 중에서 가장 빠르고 튼튼합니다. 또 그의 전차는 금과 은으로 장식되어

있고, 신비로운 황금 무기도 있습니다. 그렇기 때문에 쉽게 눈에 띌 것입니다. 제가 하는 말은 모두 사실입니다. 믿어 주십시오.”

돌론은 이제는 살 수 있다고 생각했는지 미소를 지으며 말했다.

그러나 디오메데스는 그를 죽이고 말았다. 제 목숨을 살리기 위해 나라를 배신한 병사는 살려둘 수 없다고 생각했기 때문이었다.

오디세우스와 디오메데스는 트라키아 군대가 있는 곳으로 달려갔다. 트라키아 군대는 뚫고 들어가기 힘들 정도로 진지가 겹겹이 둘러싸여 있었고, 대열은 질서가 잘 잡혀 있었다. 그 앞에는 언제든지 탈 수 있도록 말이 준비되어 있었다.

“저 가운데 막사가 대장 레소스의 막사야. 레소스부터 해치우자고!”

아테나는 디오메데스의 가슴속에 용기를 불어넣었다. 그래서 그는 병사들을 닥치는 대로 쓰러뜨릴 수 있었다. 병사들은 갑작스러운 공격에 몹시 허둥댔다. 그 사이 오디세우스와 디오메데스는 레소스의 목을 베어 버렸다.

“어서 돌아가자고! 이 소식을 알려야지!”

두 사람은 쏜살같이 말을 몰아 자기 편 진영으로 돌아갔다. 네스토르는 그들을 반갑게 맞아 주었다.

“수고했소. 두 장군은 우리에게 큰 힘이 되었소. 그런데 이 말은 어떻게 끌고 오셨습니까? 트로이의 진영에 잠입하셨습니까, 아니면 신들에게서 받았습니까? 지금까지 이렇게 훌륭한 말은 본 적이 없습니다. 신들에게서 받은 것이 틀림없지요? 제우스 신과 아테나 여신께서는 두 분을 아끼고 계시니까요.”

오디세우스가 대답했다.

“신께서 뜻만 있으시다면 더 훌륭한 말을 내려주셨겠지요. 이 말은 트라키아의 것입니다. 디오메데스 장군은 적장 12명을 포함해서, 트라키아의 왕까지도 죽였습니다."

오디세우스와 디오메데스는 적진의 상황을 자세히 말했다. 그리고 그들은 아테나에게 감사 기도를 올렸다.

트로이의 반격

다음 날 아침, 다시 싸움이 시작되었다.

아가멤논은 닥치는 대로 적을 무찌르고 있었지만, 헥토르의 모습은 찾아볼 수가 없었다. 아가멤논이 상처를 입을 때까지 싸움터에 나오지 말라는 제우스의 명령을 받았던 것이다.

한낮이 되자, 승리는 트로이 쪽으로 기울었다. 그러자 아가멤논은 더욱 힘을 내어 적을 공격했다. 그가 안티놀의 왕자 이피다마스를 죽이자, 이피다마스의 형 콘이 아가멤논을 창으로 찔렀다. 아가멤논은 큰 상처를 입고, 물러날 수밖에 없었다. 디오메데스와 오디세우스는 아가멤논의 뒤를 이어 적을 물리쳤다.

'아가멤논이 물러났다 이거지? 이제 나가 봐야겠다.'

헥토르는 디오메데스를 공격했다. 파리스 역시 디오메데스를 향해 화살을 쏘았다. 화살은 디오메데스에게 큰 상처를 입혔다. 디오메데스 역시 물러나야만 했다.

마카온과 유리필로스도 화살을 맞아서 싸움을 계속할 수 없게 되었다.

"하하하! 적의 장군들이 하나 둘 물러나는구나. 더 힘을 내라!"

헥토르는 흥을 내며 군사들을 격려했다. 이제 그리스 군의 관심은 싸우는 것보다는 달아나는 것에 쏠려 있었다. 오직 오디세우스만이 적들 사이를 뛰어다니며 적을 무찌르고 있었다. 오디세우스의 창과 칼은 많은 트로이 군의 목숨을 빼앗았다. 그 중에는 히파소스의 아들 카로푸스도 있었다. 카로푸스의 죽음을 본 그의 동생 소쿠스는 오디세우스에게 덤벼들었다.

"네가 오늘은 히파소스의 자손들을 죽이고 기고만장할지 모르나, 창 앞에서는 그 말을 할 수가 없을 것이다!"

소쿠스는 오디세우스의 가슴을 향해 창을 던졌다. 창은 오디세우스의 방패를 뚫고, 옆구리에 상처를 입혔다. 그러나 아테나 여신의 보살핌을 받는 오디세우스는 깊은 상처를 입지 않았다.

"트로이의 장군이 이 정도란 말이냐?"

오디세우스는 소쿠스를 향해 창을 던졌다. 소쿠스는 재빨리 몸을 돌렸지만, 창에 맞아 목숨을 잃고 말았다.

"불쌍한 놈, 독수리들이 날아와 너의 시체를 보살펴 줄 것이다! 게걸스럽게 뜯어먹어서 아무것도 남지 않게 되겠지. 그러나 내가 죽으면 우리 군사들은 내 장례식을 치러 줄 것이다."

이렇게 말하면서 오디세우스는, 그제야 자기 몸에 박혀 있던 창을 뽑았다. 그러자 그 상처에서는 피가 분수처럼 뿜어져 나왔다. 그 모습을 본 트로이 군은 다시 오디세우스를 둘러쌌다. 오디세우스는 후퇴하면서 동료들에게 도움을 청했다. 그러자 가까이에 있던 아이아스가 오디세우스를 돕기 위해 달려왔다. 트로이 군은 조금도 주저하지 않고 달려드는 아이아스의 기세에 눌려 뒷걸음질쳤다.

그러자 제우스는 아이아스의 마음에 불안함을 심어 주었다. 그리스 군의 진지에 무슨 일이 생기지 않았나 불안해진 아이아스는, 그대로 돌아가고 말았다.

그러자 트로이 군은 아이아스를 마구 공격하기 시작했다. 아이아스는 다시 몸을 돌려 싸울 기세로 달려들었다. 아이아스가 함대로 돌아가는 동안 많은 트로이 군이 목숨을 잃게 되었다.

트로이 군은 아이아스를 향해 화살을 날리기 시작했다. 비오듯 쏟아지는 화살에 아이아스가 주춤거리자, 유리필로스는 아이아스에게 창을 던졌다. 그리고 그에게 달려들어 갑옷을 벗겼다. 파리스는 그의 허벅지를 명중시켰다. 화살은 부러졌지만, 화살촉이 허벅지에 박혀서 아이아스는 다리를 질질 끌며 가야 했다.

그리스의 대부분의 장군들이 상처를 입자, 그리스 군은 싸움을 포기하고 후퇴하기에 이르렀다.

헥토르는 트로이 군에게 소리쳤다.

"저기 도망가는 꼴을 좀 봐라! 우리는 반드시 이길 것이다. 제우스 신께서 우리와 함께 하고 계시지 않느냐? 어서 나가서 싸우자!"

그 때, 먼 왼쪽 하늘에서 커다란 독수리 한 마리가 뱀을 움켜쥐고 날아왔다. 몸부림치던 뱀은 독수리의 가슴을 물었다. 고통을 참지 못한 독수리는 트로이 군 위에 뱀을 떨어뜨리고, 이상한 소리를 내면서 높이 날아올랐다.

그 모습을 지켜본 폴리다마스는 이상한 징조라고 생각했다.

"헥토르 장군, 신이 우리에게 무언가를 알려 주시려는 것 같습니다. 독수리가 먹이를 잡는 데 실패한 것처럼, 우리도 오늘의 작전에서 실패할 것입니다. 그러니 오늘은 이쯤에서 물러나는 것이 좋겠습니다."

"무슨 소리요? 그깟 새가 우리 위로 날아갔다고 해서 싸움을 포기해야 한다고요? 그리스가 곧 우리 앞에 무릎을 꿇을 것이오. 물러나려거든 혼자 가시오. 누구든지 물러나는 자가 있으면, 나는 그 자의 목을 베어 버릴 테니까!"

헥토르는 다시 공격 명령을 내렸다.

제우스는 이다 산에 폭풍을 일으켜서, 산에 있는 돌을 그리스 군이 진을 치고 있는 부둣가로 날려 보냈다. 그리스 군은 마구 돌을 던지며 트로이 군에 대항했다. 그러나 그 돌들이 트로이 군 쪽에 떨어지기도 전에, 이다 산에서 불어오는 바람이 방향을 바꾸는 바람에, 결국 그리스 군에게로 돌들이 떨어지고 말았다.

그리스 군은 성문 앞에 바위를 쌓고, 트로이 군이 들어오는 것을 막으려고 했다. 하지만 성문은 쉽게 무너졌다. 트로이 군은 그리스 진영 곳곳에 불을 지르고, 승리의 함성을 질러 댔다. 이제 신들은 아무도 그리스를 돕지 않는 것 같았다.

그 때, 포세이돈은 성스러운 숲 사나스트라스의 높은 나무 위에서 이 싸움을 지켜보고 있었다.

'저렇게 힘없이 당하기만 하니 불쌍해서 볼 수가 없군.'

그는 자기의 궁전으로 돌아가서 황금 갑옷으로 무장하고, 많은 바다 짐승을 거느리고 헤르스폰데스라는 바다로 달려갔다. 그 곳은 그리스 진영에서 가까운 곳이었다. 그리스 군을 도우려는 것이었다. 포세이돈의 생각을 알게 된 헤라는 무척 기뻐했다.

"포세이돈까지 나섰으니, 이제 일이 쉽게 되겠군. 트로이를 돕고 있는 제우스의 마음만 돌리면 돼."

헤라는 아테나가 짠 안프로시아라는 아름다운 옷을 입고, 신들의 마음을 사로잡을 수 있는 아프로디테의 허리띠를 둘렀다. 그리고 온몸에 향수를 뿌린 후, 잠의 신 힙노스를 데리고 올림포스로 올라갔다.

헤라의 모습에 빠져 버린 제우스는, 온 세상에 사랑만이 가득한 것처럼 느껴졌다. 그 때, 잠의 여신이 제우스를 깊이 잠들게 했다. 제우스뿐만이 아니라, 올림포스에 있던 다른 신들도 깊은 잠 속으로 빠져들었다.

제우스가 잠들자, 힙노스는 포세이돈에게 달려갔다.

"제우스 신께서 깊은 잠에 빠지셨소. 그러니까 이제는 마음놓고 그리스 군을 도울 수 있을 것이오."

포세이돈은 장군의 모습으로 변장하고, 바다 짐승들을 이끌고 트로이로 쳐들어갔다. 포세이돈의 도움에 용기를 얻은 그리스 군은 더욱 맹렬히 트로이 군을 공격했다.

아이아스는 헥토르와 맞붙게 되었다. 헥토르는 아이아스의 가슴을 향해 창을 던졌다. 아이아스는 다행히 죽음에서 벗어날 수 있었다. 이번에는 아이아스가 헥토르에게 바위를 던졌다. 이 바위에 맞은 헥토르는 그 자리에서 정신을 잃고 쓰러졌다.

그 때, 제우스가 잠에서 깨어났다. 싸움터의 상황을 보게 된 제우스는 화를 내며 말했다.

"나는 아킬레우스가 당한 모욕을 갚아 주기 위해서, 트로이 군을 돕기로 테티스와 약속했소. 그런데 지금 이게 어떻게 된 일이오? 앞으로 그 누구라도 그리스 군을 돕는다면 가만히 있지 않겠소!"

제우스는 이리스를 포세이돈에게 보내서, 당장 싸움에서 손을 떼라고 명령했다. 그리고 아폴론을 불러 다시 싸움을 일으키라고 했다.

헥토르는 아가멤논의 진지를 향해 돌진했다. 갑자기 습격당한 그리스 군은 힘도 쓰지 못하고 밀리기만 했다. 그러나 토아스를 비롯한 아이아스, 이도메네우스, 메리오네스 등의 장군과 군사들은 긴 창을 세워서 울타리를 만들었다. 트로이 군은 그 울타리로 달려들었지만, 그리스 군의 거친 반격에 물러나야만 했다.

이 싸움은 좀처럼 끝이 나지 않았다. 그러자 아폴론은 제우스의 방패를 휘두르며 앞으로 달려갔다. 그 모습을 본 그리스 군은 이리저리 도망쳤고, 트로이 군은 그리스 군을 모두 쓰러뜨리고 승리를 얻었다. 헥토르는 그리스의 함대가 있는 곳까지 밀고 들어왔다. 아이아스, 테우크로스 등의 장군들은 배 위에서 창을 던지며 저항했다.

그 때, 카레카가 횃불을 들고 그리스의 배로 다가갔다. 그 모습을 본 아이아스는 재빨리 달려가서 창으로 카레카의 가슴을 찔렀다. 헥토르는 다시 명령을 내렸다.

"한 사람도 살려 두지 말아라! 죽음을 두려워하지 말고, 앞으로 나가라!"

배를 지키려는 그리스 군과 배에 불을 지르려는 트로이 군 사이에 치열한 싸움이 계속되었다. 그들은 배 안에서 칼과 도끼를 휘두르며 싸웠다. 바닷가에는 시체가 쌓이고, 바다는 피로 물들어갔다.

파트로클로스의 출전

네스토르는 부상자들을 치료하기 시작했다. 그는 가장 먼저 마카온을 치료했다.

멀리서 그 모습을 지켜보던 아킬레우스는 동료들이 걱정되었다.

"지금 치료받는 사람이 누구지?"

그는 옆에 있던 파트로클로스에게 물었다.

"마카온 장군 같군요. 내가 가서 자세한 것을 알아보고 오겠소."

파트로클로스는 서둘러 네스토르에게 다가갔다.

"지금 치료를 받은 사람이 누구요? 아킬레우스 장군이 알고 싶어합니다."

"아킬레우스 장군이 알고 싶어한다고요? 이번 전쟁이 어떻게 되건 상관 않겠다던 사람이, 갑자기 왜 그런답니까? 동료들이 죽어가는 것이

재미있기라도 하다는 것입니까? 우리 장군들이 다쳐서 신음하고 있소. 디오메데스, 오디세우스, 아가멤논 장군께서도 마찬가지입니다. 이 마카온 장군도 화살을 맞아 상처를 입었습니다. 그런데 아킬레우스 장군께서는 우리가 모두 죽을 때까지 기다리겠다는 것입니까?"

옆에 있던 메리디스가 말했다.

"파트로클로스, 아킬레우스의 아버지가 했던 말을 기억하시오? 아킬레우스의 고집이 세서 명예롭지 못한 일이 일어날지도 모르니, 우리더러 잘 타이르라고 하지 않았소? 우리가 나서서 그를 도와야 합니다. 아킬레우스가 지금처럼 뒤에서 보고만 있다면, 그는 영원히 비겁한 사람으로 남을 거예요. 그렇게 되길 바라십니까? 지금이라도 아킬레우스가 나서 준다면, 우리 군사들은 새로운 힘을 얻을 수 있습니다."

그 때, 부상을 입은 유리필로스가 실려 왔다. 뒤를 이어 심한 부상을 입은 병사들이 줄줄이 실려 왔다. 그 모습을 본 파트로클로스는 죄책감에 괴로워했다.

'이대로 돌아갈 수 없어. 저들은 내 동료들이야.'

파트로클로스는 아무 말 없이 부상자들의 치료를 도왔다. 유리필로스의 치료를 마친 네스토르는 디오메데스, 오디세우스와 함께 아가멤논을 찾아갔다.

아가멤논은 힘없이 누워 있었다.

"이제 우리가 이길 방법은 없는 것 같소. 날이 밝으면 모두 고향으로 돌아가도록 합시다."

그러자 오디세우스가 소리쳤다.

"장군, 우리가 모두 배를 타고 간다면 트로이 군은 우리가 후퇴한다고 생각하고 더욱 심하게 공격할 것입니다. 그러면 우리는 바다 위에서 모두 목숨을 잃고 말겠지요."

"내가 잘못 생각했소."

아가멤논은 힘없이 고개를 끄덕였다.

한편, 피로스의 치료를 마친 파트로클로스는 눈물을 흘리며 아킬레우스에게로 갔다. 그는 아킬레우스에게 그리스 군의 상황을 자세히 알렸다.

"파트로클로스, 왜 울고 있지? 고향에 계신 아버지라도 돌아가셨다는 소식이 왔는가? 아니면 그리스 군이 무더기로 죽어 있기라도 하던가? 그것은 그 자들의 잘못이야. 나를 그렇게 대접했으니 당할 만도 하지. 무슨 일인가? 속시원히 말해 봐."

파트로클로스는 괴로워하며 대답했다.

"대부분의 장군들이 상처를 입었고, 트로이 군은 그리스 군의 배에 불을 지르고 있습니다. 이대로 계속된다면, 그리스 군은 살아서 고향에 돌아갈 수 없습니다. 우리의 동료들은 최선을 다해서 싸웠지만, 화살이나 창에 상처를 입고 여기저기에 누워 있습니다. 디오메데스, 유리필로스 장군도 부상을 당했습니다. 그래서 의사들은 약을 가지고, 치료하러 다니기에 바쁩니다."

"그게 나랑 무슨 상관이란 말인가?"

"이제 그만 화를 푸세요. 장군께서 받은 모욕이 그리스가 트로이에게 받은 모욕보다 크다는 말씀입니까? 그리스가 무너진 후에도 화를 풀지 않으시겠습니까? 정말 냉혹하시군요. 그렇다면 그 누가 장군님을 훌륭한 펠레우스 장군님의 아들로, 은혜로운 테티스 여신의 아들로 인정하겠습니까?"

"파트로클로스, 내가 그리스의 멸망을 바라는 것은 아니야. 그렇지만 내가 받은 모욕은 정말 견딜 수가 없네."

"장군님께서 직접 나가시지 않겠다면, 저에게 군사를 내어 주십시오. 테티스 여신께서 장군에게 알린 걱정스러운 예언이 있다면, 저를 보내 주십시오. 그리고 장군의 갑옷을 빌려주십시오. 그러면 트로이 군은 나를 장군으로 착각하고 물러날 것입니다."

아킬레우스는 잠시 생각에 잠겼다.

"이봐, 내가 그 예언 때문에 이러는 것으로 보이는가? 나는 그런 예언 따위는 신경쓰지 않네. 하지만 내가 당한 모욕만은 가슴속에 남아서 슬픔이 되고 있어. 내가 마치 이방인인 것처럼 내 것을 빼앗아갔단 말이야. 그래, 지난 일은 이제 말할 필요도 없는 것이지. 언제까지나 이 원한을 품고 있을 수는 없으니까. 좋아! 싸움터로 가게. 내 갑옷을 입고, 우리의 군대를 지휘하여 싸우게! 지금 트로이 군이 우리 동료들을 죽이고 승리를 확신하고 있겠지만, 그것은 내 투구가 보이지 않기 때문일 거야. 그러니 적들을 마구 짓밟아 버리라고! 그렇지 않으면 놈들이 우리 배를 불살라서 우리는 고향으로 돌아갈 수 없게 될지도 몰라. 그리고 한 가지 명심할 것이 있네. 적들을 우리의 함대에서 몰아 내는 즉시 돌아와야 하네. 헤라 여신께서 승리를 내려 주신다고 해도, 나 없이 자네 혼자 싸울 생각은 절대 하지 말게. 그렇게 했다가는 내 명예까지도 빼앗는 일이 될 거야. 승리에 흥분해서 트로이 성까지 이끌고 가면 안 된다는 말이야. 그러면 올림포스의 어떤 신이 싸움에 개입할 거야. 아폴론 신만 해도 트로이를 무척 아끼신다네. 그러니까 우리 함대를 구하면 바로 돌아와야 해."

아킬레우스는 제우스에게 기도를 올렸다.

"제우스 신이시여, 아테나, 아폴론 신이시여! 파트로클로스가 군사들을 이끌고 싸움터로 나갑니다. 그들이 빛나는 승리를 이루고 돌아올 수 있도록 지켜 주시옵소서. 만약 트로이 군이 하나도 안 남고, 그리스 군 또한 그렇게 되어서 그들과 저만 살아남는다면, 우리끼리라도 트로이의 성스러운 왕관을 빼앗도록 하여 주십시오."

그 때, 아이아스는 힘을 잃고 밀려나고 있었다. 창과 화살이 비오듯 쏟아져서 더이상 버틸 수가 없었다. 창과 화살의 무서운 공격을 막아 줄 사람은 아무도 없었다. 헥토르는 큰 칼을 휘두르며 아이아스에게 다가왔다. 그 칼로 아이아스의 창을 치니 뚝 부러지고 말았다. 아이아스는 신의 조화인 것만 같아서 가슴이 섬뜩하였다. 그는 어쩔 수 없이 물러나야만 했다.

트로이 군은 그 순간을 기다렸다는 듯이, 그리스 군의 배에 불을 지르기 시작했다. 불은 삽시간에 온 배로 번졌다.

그 모습을 본 아킬레우스는 깜짝 놀라 말했다.
"파트로클로스, 어서 이 말을 가지고 가게. 배에 불이 붙었어. 놈들이 온 배를 차지하면, 우리는 영원히 벗어날 수가 없을 거야. 어서 무장을 서둘러. 부하들의 준비는 내가 맡을 테니까!"
파트로클로스는 서둘러 준비를 시작했다. 은 발목장식이 있는 발에 대는 군화를 신고, 번쩍번쩍 빛나는 갑옷을 입었다. 양쪽 어깨에는 청동날과 은 칼과 커다란 방패를 맸다. 머리에는 깃술이 달린 투구를 썼다. 그리고 손에는 창 두 자루를 집어들었다. 이 창은 아킬레우스의 창이 아니었다. 아킬레우스의 그 무겁고 큰 창은 오직 아킬레우스만이 들 수 있었기 때문이다. 그리고 포세이돈에게서 받은 말 두 마리를 준비했다.
아킬레우스는 곧 군사들을 모아 주었다. 군사들은 전보다 더욱 맹렬해졌다.

"미르미돈의 용감한 군사들이여! 트로이 군에게 온갖 위협을 기울여야 한다는 것을 잊지 말거라. 그대들은 내가 원한을 풀지 않는 동안, 나를 얼마나 원망했었던가? 고향으로 돌아가자고 말했던 것이 몇 번이었던가? 이제 그대들이 그토록 원하던 싸움터로 가게 됐다. 그러니 용기를 잃지 말고 이기고 돌아와라!"

파트로클로스는 군대를 이끌고 싸움터로 나섰다. 그들을 배웅하고 아킬레우스는 막사로 돌아왔다. 막사에는 상자가 하나 있었다. 그 안에는 테티스가 배에 넣어 준 속옷과 털담요, 바람을 견딜 수 있는 옷이 들어 있었다. 그리고 술잔이 하나 있었다.

이 술잔으로 술을 마셔 본 사람은 아킬레우스밖에 없었고, 이 술잔으로 제주를 받아 본 신은 제우스 신밖에 없었다. 아킬레우스는 술잔을 깨끗이 씻고, 술을 따라서 갑판 한가운데로 나갔다. 그리고 하늘을 향해 제주를 뿌리며 기도를 올렸다.

"제우스 신이시여! 신께서는 저의 마음을 풀어 주시기 위해서 트로이 군에게 승리를 주셨습니다. 다시 부탁드리겠습니다. 저는 저의 군사들을 싸움터로 보내고 혼자 이 곳에 남았습니다. 저의 군사들에게 승리의 기쁨을 안겨 주십시오. 그들에게 용기를 주십시오. 그러나 적들을 함대에서만 몰아내면 돌아오게 하여 주십시오."

아킬레우스는 기도를 마친 후, 막사로 돌아와 잔을 상자 속에 넣고 다시 밖으로 나왔다. 싸움이 어떻게 돌아가는지 직접 보고 싶었던 것이다.

파트로클로스의 군대는 트로이 군에게 달려들었다.
"용맹스러운 우리 군사들이여! 아킬레우스 장군의 영광을 위해 싸우자. 아가멤논 장군이 최고의 장군을 모욕한 것을 후회하도록 해 주자!"

파트로클로스의 군대는 함성을 지르며 트로이 군을 공격했다. 그 함성은 하늘을 울릴 정도였다.

영원히 죽지 않는 말이 끄는 전차를 타고, 아킬레우스의 갑옷을 입은 파트로클로스를 아킬레우스라고 생각한 트로이 군은 뒷걸음질쳤다.

파트로클로스는 먼저, 프로데실라오스의 배 가까이에서 싸우고 있는 부대 속으로 창을 던져서 피라이크메스를 맞혔다. 피라이크메스는 파이오니아 부족의 부대장으로 아미돈에서 전차 부대를 이끌고 참전했다. 피라이크메스가 상처를 입고 쓰러지자, 그의 부대는 사방으로 흩어져 도망가 버렸다.

파트로클로스는 그들을 모두 부대에서 몰아내고 배의 불을 껐다. 그 모습을 본 트로이 군은 타다 남은 배를 그대로 두고 허둥대며 도망쳤다.

여기저기에서 싸움이 벌어졌다. 파트로클로스는 아레일리코스가 도망치려는 순간, 창을 던져 허벅지를 찔렀다. 메넬라오스는 도아스를 쓰러뜨렸고, 메게스는 암피클로스가 덤벼드는 순간 그를 먼저 찔렀다. 안틸로코스는 안틸니오스를 쓰러뜨리고, 안틸니오스의 동생 마리스가 달려들어 안틸로코스를 찌르려고 하자, 안틸로코스의 동생이 그를 멀리 던져 버렸다.

파트로클로스는 적들이 밀집해서 혼란한 곳을 골라서 공격했다. 적은 전차에서 떨어지고, 전차는 뒤집혀서 굴러갔다.

"헥토르를 쳐라!"

파트로클로스는 소리를 지르며 계속 달렸다. 그러나 헥토르는 이미 도망친 후였다. 파트로클로스는 트로이 군을 돌아가지 못하게 하고, 그리스 함대와 강, 성벽 사이로 몰아넣었다. 동료들의 죽음을 보복하려고 한 것이었다.

먼저 프로노스를 공격하여 죽이고, 데스토르에게 달려들었다. 데스토르는 두려움에 떨며 전차 밑으로 기어들어가 있다가, 말고삐를 놓아 버렸다. 그 순간 파트로클로스는 마치 낚시를 하듯 데스토르를 끌어내 밖으로 떨어뜨렸다. 에리마스, 암포테로스, 에팔테스, 톨레폴레모스, 에키오스, 피리스 등 트로이의 장군들이 하나하나 차가운 땅 위에 쓰러졌다.

동료들의 죽음을 본 사르페돈은 부하들을 꾸짖었다.

"이게 무슨 창피란 말인가? 왜 이리 정신없이 도망치는 것이냐? 남자답게 싸워라! 우리의 장군들을 쓰러뜨린 저 자는 내가 맡겠다."

사르페돈은 전차에서 뛰어내려 파트로클로스에게로 달려들었다. 파트로클로스도 사르페돈을 향해 달려갔다. 두 사람을 본 제우스는 헤라에게 말했다.

"인간들 중에서 내가 가장 사랑하는 사르페돈이, 파트로클로스의 손에 죽게 되다니 참으로 슬픈 일이군요. 내가 어떻게 하면 좋겠소? 사르페돈을 잡아올려서 고향으로 보낼까? 아니면 이대로 파트로클로스의 손에 죽게 내버려둘까?"

그러자 헤라는 제우스를 쏘아보며 말했다.

"사르페돈은 죽을 운명입니다. 그런데 당신께서 그를 살리시겠다는 것입니까? 그 일을 찬성하는 신은 아무도 없을 것입니다. 생각해 보세요. 당신이 사르페돈을 살려 보내시면, 다른 신들도 자신의 자식들을 살려 보낼 것입니다. 사랑하는 자식을 살리고 싶어하는 것은 당연한 일 아니겠어요? 많은 신들의 자식이 전쟁에 나왔습니다. 그런데 사르페돈이 살아서 돌아간다면 그들의 적개심을 사겠지요. 사르페돈을 사랑하신다면 그대로 죽게 내버려 두세요. 사르페돈이 죽는 대로 죽음의 신과 잠의 신을 보내서 시체를 리키아로 데려가게 하세요. 그러면 가족들과 친구들이 정중히 장례를 치르겠지요."

제우스는 헤라의 말에 따를 수밖에 없었다.

사르페돈과 파트로클로스가 맞붙었다. 사르페돈은 먼저 파트로클로스를 향해 창을 던졌다. 그렇지만 그 창은 파트로클로스의 왼쪽 어깨너머로 빗나가고 말았다. 파트로클로스가 달려들며 창을 던지니, 그의 창에 사르페돈이 쓰러졌다. 결국 사르페돈은 파트로클로스의 손에 죽게 되었다. 그의 죽음을 보고 글라우코스가 달려왔다.

"글라우코스, 내 시체를 지켜 주게! 그리고 저놈들이 내 갑옷과 무기를 빼앗지 못하도록 해 주게. 그렇게 된다면 나는 영원히 그대들의 수치와 욕이 될 거야. 그러니 제발 버텨 주게!"

글라우코스는 애절한 사르페돈의 마지막 말에 가슴이 찢어지는 듯했다. 그는 아폴론에게 기도했다.

"아폴론 신이시여! 저는 지금 팔에 상처를 입었습니다. 그 고통은 견디기 힘들 정도이고, 피도 멎지 않습니다. 창을 꼭 잡을 수도 없고, 적과 싸울 수도 없습니다. 그렇지만 제우스 신의 아드님 사르페돈 장군께서 전사하셨습니다. 그런데도 제우스 신께서는 아드님을 살리지 않으셨습니다. 아폴론 신이시여, 간절히 애원합니다. 제 상처를 낫게 해 주셔서 제게 힘을 주십시오. 동료들을 불러서 사르페돈 장군의 시체를 지키겠습니다."

아폴론은 그의 기도를 들어주었다. 순식간에 고통은 사라지고, 피도 멈추었다. 글라우코스는 아폴론이 자신의 기도를 들어준 것을 무척 기뻐하며, 트로이의 장군들에게 도움을 청했다.

"헥토르 장군! 장군은 그 동안 우리 동맹군을 까맣게 잊었습니다. 우리는 장군을 돕기 위해서 이렇게 죽기까지 고생을 하는데, 우리를 돕지 않으려 하는군요. 사르페돈 장군께서 전사하였습니다. 아레스 신은 파트로클로스를 보내어, 우리를 강한 팔로 지키던 사르페돈 장군을 죽음의 나라로 보냈습니다. 파트로클로스가 우리 장군의 시체에 모욕을 가하는 것을 보기만 할 것입니까? 어서 나가서 싸웁시다!"

이 말을 들은 트로이의 장군들은 말할 수 없는 고통 속에서 달려왔다. 폴리다마스, 아이네이아스, 헥토르가 달려와서 시체 곁을 지켰다. 그러자 파트로클로스도 그리스의 장군들을 불렀다.

"어서 와서 적을 맞이합시다! 우리의 장벽을 가장 먼저 뛰어오르던 사르페돈이 쓰러졌소. 그의 시체를 가져다가 우리의 원한을 풀고, 갑옷도 빼앗아 버립시다!"

그리스의 아이아스, 테우크로스, 메리오네스가 파트로클로스를 돕기 위해 달려왔다. 이 일은 그들도 원했던 일이었다. 그리스 군과 트로이 군은 사르페돈의 시체를 두고 치열한 싸움이 벌어졌다. 먼저 그리스의 에페이게우스가 쓰러졌다. 그는 사촌을 살해한 죄로 펠레우스에게로 피난을 와서 살고 있었다. 그러던 중 전쟁이 일어나자, 아킬레우스를 따라 싸우러 왔던 것이다. 에페이게우스가 사르페돈의 시체를 붙잡고 있을 때, 헥토르는 그에게 커다란 돌을 던졌다. 에페이게우스는 그 자리에서 쓰러지고 말았다.

파트로클로스는 몹시 화를 내며 달려가서, 스데넬쿠스를 쓰러뜨렸다. 그러자 헥토르가 물러났다. 그리스 군은 그 기세를 타고 앞으로 밀고 나왔다.

이 때 글라우코스는 갑자기 전차의 방향을 돌려서 바디클레스를 쓰러뜨렸다. 바디클레스가 글라우코스를 쫓아와 거의 잡았을 때, 글라우코스가 갑자기 돌아서서 창을 찔렀던 것이다.

또, 메리오네스도 라오고노스를 쓰러뜨렸다. 그는 트로이 군 중에서 높이 존경을 받는 사람이었다. 그러자 아이네이아스가 메리오네스에게 창을 던졌다. 하지만 그 창은 방패에 맞고 땅에 꽂혔다. 땅에 꽂힌 창은 아레스가 그 힘을 거두어 갈 때까지 바르르 떨고 있었다. 아이네이아스는 화가 나서 견딜 수가 없었다.

"메리오네스, 이제 너는 춤까지 추는구나! 내 창에 맞았다면 영원히 그 춤을 출 수 없었을 텐데……."

그러자 메리오네스가 말했다.

"너 역시 죽어야 할 인간이다! 내가 너를 명중시켰다면, 너의 그 두 손은 어떻게 되었을까? 너는 승리는 내게 주고, 영혼은 하데스 신에게 주었겠지?"

이 말을 듣고 있던 파트로클로스가 말했다.

"메리오네스, 쓸데없는 입씨름은 그만두게. 과감하게 싸우자고!"

치열한 싸움이 벌어지는 사이, 사르페돈의 시체는 아무리 그를 잘 아는 사람이라도 알아볼 수 없을 정도가 되었다. 온몸이 피와 흙, 수많은 상처로 뒤덮였다. 제우스는 싸움을 지켜보면서, 파트로클로스와 시체들을 어떻게 할지 생각해 보았다.

그는 헥토르의 용기를 꺾었다. 그러자 헥토르는 후퇴를 명령했다. 아무리 용감한 그리스 군이라도, 그들의 장군이 죽어서 수많은 시체로 뒤덮여 있다면 도망칠 것이라고 생각했기 때문이었다. 그렇지만 그리스 군은 사르페돈의 갑옷을 벗겨 냈고, 파트로클로스는 그 갑옷을 후방으로 보냈다.

제우스는 아폴론을 불렀다.

"아폴론, 어서 사르페돈을 아무도 모르는 곳으로 데려가라. 검은 피를 씻기고, 먼 곳으로 옮겨 강에서 목욕시키고, 신의 향수를 발라 주고, 옷을 입혀라. 그리고 잠의 신과 죽음의 신을 시켜서 리키아로 데려가도록 하여라. 가족과 친구들이 무덤과 묘비를 만들어서 마지막

예식을 올려 주도록 하여라. 그것만이 사르페돈이 누릴 수 있는 마지막 영광이 될 테니 말이다."

아폴론은 이다 산에서 싸움터로 내려가서, 사르페돈의 시체를 들고 빠져 나왔다. 그리고 제우스가 시키는 대로 리키아로 보냈다.

파트로클로스는 다시 트로이 군을 향해 나아갔다. 공격하는 데에 정신이 팔린 파트로클로스는, 아킬레우스의 말을 잊고 말았다. 트로이의 성문까지 왔던 것이다.

그리스 군은 파트로클로스의 용맹스러움 덕분에 트로이 성 정복을 눈 앞에 두게 되었다. 그러나 아폴론은 트로이 군을 돕고 있었다. 파트로클로스를 죽일 작정이었던 것이다. 파트로클로스가 성벽을 오르려고 했지만, 아폴론은 세 번이나 그를 밀어 버렸다. 세 번이나 떠밀고 불사의 손으로 방패를 쳤지만, 파트로클로스는 네 번째로 도전했다.

"파트로클로스, 물러가거라! 트로이는 너의 창 앞에 무너지지 않을 것이다. 너보다 뛰어난 아킬레우스에게도 넘어가지 않을 것이다!"

아폴론의 꾸지람에 파트로클로스는 서둘러 후퇴 명령을 내렸다. 금방이라도 트로이 성이 무너질 것 같았지만, 신의 말을 어길 수는 없었던 것이다.

이 때, 헥토르는 성문 앞에 서서 다시 싸움터로 돌아갈지, 아니면 성 안으로 들어가 한숨을 돌릴지 고민하고 있었다. 그가 망설이고 있자, 아폴론은 헥토르의 사촌 아시오스의 모습으로 변해서 헥토르 앞에 나타났다.

"헥토르, 왜 싸움을 피하는가? 내가 자네보다 잘났다면 난 싸움터로 갔을 거야. 자네가 싸움을 피하고 성 안으로 들어간다면, 반드시 후회하게 될 거야. 어서 가서 파트로클로스를 쓰러뜨리게!"

그 말을 들은 헥토르는 다시 말을 몰아 파트로클로스를 향해 달렸다. 그는 전차에서 내려 돌을 집어들었다. 그리고 온 힘을 다해 던졌다. 그런데 그 돌은 헥토르 옆에 있던 케브리오네스의 이마에 맞고 말았다.

파트로클로스와 헥토르는 전차에서 내려 맞섰다. 다른 군사들도 치열한 싸움을 벌였다. 해가 머리 위에 떠 있는 동안에는 양쪽이 팽팽하게 맞섰지만, 해가 기울자 그리스 군의 전세가 우세하게 되었다.

파트로클로스는 세 번이나 적에게 달려들어 아홉 명씩 죽였다. 그러나 네 번째에는 마지막 순간을 맞이하게 되었다. 아폴론이 파트로클로스를 기다리고 있었기 때문이었다.

아폴론은 안개 속에 숨어서 나타났다. 분노에 가득한 눈으로 아폴론은 파트로클로스의 등을 쳤다. 그러자 투구는 머리에서 벗겨지고, 창이 부서졌으며 방패는 산산조각이 나고 말았다. 파트로클로스는 점점 정신이 희미해졌다.

이 때, 파트로클로스의 등으로 창이 날아왔다. 그것은 에우포르보스가 던진 창이었다. 에우포르보스는 처음 전쟁에 나와서 많은 적군을 물리쳤지만, 파트로클로스를 쓰러뜨릴 수는 없었다. 그래서 그는 파트로클로스의 등에서 창을 뽑고, 다시 동료들이 있는 곳으로 물러났다.

상처를 입은 파트로클로스도 물러나기 시작했다. 그러나 그 모습을 본 헥토르가 다가와 배를 찔렀다.

"파트로클로스! 네가 우리의 트로이를 넘어뜨릴 줄 알았느냐? 어리석은 놈! 너의 훌륭한 장군 아킬레우스가 나에게 맞서지 말라고 경고하지 않았었느냐?"

그러자 파트로클로스는 숨을 헐떡거리며 말했다.

"네가 이렇게 기뻐하는 것은 이번이 마지막일 것이다. 나를 쓰러뜨린 것은 네가 아니라 제우스 신과 아폴론 신이다. 네 앞에도 죽음의 그

림자가 드리워졌다는 것을 잊지 말아라. 아킬레우스 장군이 너를 쓰러뜨려 줄 것이다."

말을 채 끝내기도 전에 파트로클로스는 죽고 말았다.

"그것은 아무도 모르는 일 아닌가? 아킬레우스가 여신의 아들이라 해도, 내가 그를 죽일 수 없다고 누가 그러던가? 그가 나보다 먼저 죽을지도 모르는 일이다!"

헥토르는 파트로클로스의 몸에서 창을 뽑고, 마부 오트메논에게 돌진했다. 그러나 신은 그를 보호하여서, 영원히 죽지 않는 말들이 그를 태운 채로 도망쳤다.

파트로클로스의 숨이 끊어지자, 트로이의 군사들은 시체 앞으로 모여들었다. 그들은 아킬레우스의 갑옷과 군화, 그리고 말을 차지하려고 다투기까지 했다.

파트로클로스의 죽음은 곧 그리스 진영에 알려졌다. 메넬라오스는 가장 먼저 일어나 싸움터로 달려갔다.

"용감히 싸운 파트로클로스가 죽고 나서도, 모욕을 당하게 둘 수 없다!"

그런데 에우포르보스가 메넬라오스의 앞을 가로막았다.

"파트로클로스를 쓰러뜨린 것은 바로 나다. 내 승리를 간섭하지 말고 어서 물러가라!"

에우포르보스는 무서운 힘으로 메넬라오스에게 창을 던졌다. 그러나 창은 메넬라오스의 방패에 맞고 땅으로 떨어졌다. 메넬라오스는 제우스에게 빌며 에우포르보스를 찔렀다. 트로이 군은 감히 메넬라오스를 공격하지 못하고 주저하고 있었다.

그 때, 헥토르는 아킬레우스의 말을 쫓고 있었다. 아폴론은 멘테스로 변장해서 그에게 나타났다.

"헥토르, 당신은 도저히 잡을 수 없는 말을 쫓고 있소. 그것은 신의 아들인 아킬레우스만이 할 수 있는 일이오. 지금 메넬라오스가 파트로클로스의 시체를 지키고 있으며, 또 당신이 아끼던 에우포르보스를 죽였소. 어서 돌아가시오!"

헥토르는 말을 포기하고 싸움터로 돌아왔다.

헥토르의 모습을 본 메넬라오스는, 동료들이 있는 쪽으로 살살 뒷걸음질치더니 도망가고 말았다.

헥토르는 파트로클로스에게서 아킬레우스의 갑옷을 벗겨 내고, 파트로클로스의 시체는 개의 먹이가 되도록 두었다. 그렇게라도 자신이 당한 모욕을 갚아 주고 싶었던 것이다.

도망친 메넬라오스는 아이아스에게 달려갔다. 자신의 힘만으로는 헥토르를 이길 수 없었기 때문이었다.

"아이아스 장군, 나와 함께 가서 파트로클로스의 시체를 가져옵시다. 갑옷은 이미 빼앗겼지만, 죽은 파트로클로스만이라도 아킬레우스 장군에게 데려다 주어야겠소."

"어서 갑시다."

메넬라오스와 아이아스가 도착했을 때, 헥토르는 아킬레우스의 갑옷을 자기의 성으로 가져가게 했다.

아이아스는 커다란 방패로 파트로클로스의 시체를 가리고 우뚝 섰다. 글라우코스는 헥토르를 꾸짖었다.

"왜 이리 우물쭈물하고 있는 겁니까? 트로이를 지키기 위해 피를 흘리며 쓰러져 간 우리의 군사들을 생각해 보십시오. 장군께서는 사르페돈의 시체를 보호하지 않고, 개의 먹이가 되도록 저렇게 두셨습니다. 사르페돈 장군이 이끌던 리키아 군이 내 말을 듣는다면, 모두 고향으로 가려고 할 것입니다. 그러면 어떻게 될까요? 트로이가 무사할 것 같습니까? 장군은 아이아스가 장군보다 강하다고 해서, 그의 눈에 띄는 것도 꺼렸으며 싸워 보려고 하지도 않았습니다. 그렇게 겁이 많은데 어떻게 우리의 총사령관이라고 할 수 있겠습니까?"

그러자 헥토르가 화를 내며 글라우코스에게 말했다.

"건방지군! 그래, 나는 아이아스와 싸우려 하지 않았소. 그러나 그것은 두려워서가 아니라, 제우스 신의 뜻에 따르는 것이오. 신께서는 아무리 강한 자라도 도망치게 하셔서 승리를 빼앗아 버릴 수도 있고, 또다시 나아가 싸우게 하실 수도 있소. 내가 어떻게 하는지 지켜보시오. 내가 이리저리 도망치기만 하는지, 아니면 파트로클로스의 시체를 빼앗으려고 싸우는지 말이오!"

헥토르는 그 누구에게도 지지 않을 것처럼 당당했다. 그는 병사들에게 말했다.

"잘 들으시오! 누구든지 파트로클로스의 시체를 끌고 돌아오면, 우리가 빼앗은 보물의 절반을 줄 것이고, 그의 명예는 오래도록 기억될 것이오."

헥토르는 재빨리 아킬레우스의 갑옷을 옮기는 부하들에게 달려갔다. 그는 갑옷을 갈아입고 앞으로 나아갔다. 그 모습을 본 제우스는 머리를 가로저었다.

"죽음이 앞에 다가왔는데도 알지 못하는군. 너는 이 싸움터에서 돌아갈 수 없을 것이다. 돌아간다고 해도 그 갑옷을 안드로마케에게 가져다 줄 수 없다. 그 보상으로 지금은 너에게 큰 힘을 주겠다."

그러자 아킬레우스의 갑옷은 헥토르의 몸에 꼭 맞게 되었다. 그리고 헥토르의 마음은 힘과 용기로 가득 찼다. 트로이 군은 당장이라도 아이아스에게서 파트로클로스의 시체를 빼앗아 올 수 있을 것처럼 달려들었다.

그러나 파트로클로스의 시체를 지키고 서 있는 아이아스의 손에 무더기로 쓰러지고 말았다.

아이아스는 메넬라오스에게 말했다.

"우리 둘이서는 파트로클로스를 지킬 수 없소. 어서 도움을 청하시오."

메넬라오스가 도움을 청하자, 이도메네우스, 메리오네스 등 많은 군사들이 달려왔다.

그리스 군은 시체 주위에 서서 방패로 시체를 에워쌌다. 파트로클로스가 개의 먹이가 되는 것이 싫었던 제우스는, 그리스 군의 투구를 구름으로 가려 주었다.

처음에는 그리스 군은 트로이 군을 물리칠 수 없었다. 그들은 할 수 없이 시체를 버려 두고 물러났다. 트로이 군은 도망치는 그리스 군을 그대로 두고, 시체를 끌어가기 시작했다.

그리스 군이 밀리자, 트로이의 히포도스는 파트로클로스의 시체를 동여매고 트로이 진영으로 가려고 했다. 그 모습을 본 아이아스는 히포도스를 향해 창을 던졌다. 히포도스는 피를 뿜으며 파트로클로스 위에 쓰러지고 말았다.

그 때, 헥토르는 아이아스를 향해 창을 던졌다. 그런데 그 창은 아이아스 뒤에 있던 스케디오스의 목숨을 빼앗아갔다.

트로이의 장군들이 쓰러지자, 헥토르는 부대를 이끌고 뒤로 물러날 수밖에 없었다.

아폴론은 아이네이아스의 가문에서 일하던 페리파스의 모습으로 아이네이아스의 앞에 나타났다.

"아이네이아스 장군, 적들은 신에게 반대하면서도 제 나라를 지키려고 애쓰고 있습니다. 그런데 우리는 어떻게 하고 있습니까? 제우스 신께서는 우리에게 승리를 안겨 주시려고 하는데, 이렇게 달아나고만 있지 않습니까?"

아이네이아스는 그가 아폴론이라는 것을 한눈에 알아보고, 헥토르에게 말했다.

"우리가 이렇게 겁쟁이처럼 도망친다면 그보다 더한 치욕은 없소. 지금 어떤 신이 나에게 와서 말씀하셨소. 제우스 신께서 우리를 도우신다고 하셨소. 그러니 다시 공격합시다! 파트로클로스의 시체라도 가져가게 해서는 안 됩니다."

아이네이아스는 앞으로 나아가 그리스 군에 맞섰다. 아이네이아스가 레오크리토스를 치자, 그의 동료 리코메데스가 와서 아이네이아스에게 창을 던졌다. 그러나 그 창은 아피사온을 쓰러뜨렸다. 그러자 아스테로파이오스가 달려와 복수하려고 했지만 소용없는 일이었다.

아이아스는 군사들 사이를 오가며, 아무도 물러서거나 나오지 못하게 하고, 시체를 에워싸서 조금의 틈도 없도록 했다. 정신없이 싸우던 아이아스가 갑자기 메넬라오스를 찾아갔다.

"메넬라오스, 어서 안틸로코스를 아킬레우스 장군에게 보내시오. 아킬레우스 장군이 파트로클로스의 죽음을 알게 되면, 분명히 싸움터로 나올 것입니다."

"좋은 생각입니다. 금방 다녀올 테니 이 곳을 잘 지켜 주십시오."

메넬라오스는 네스토르의 아들 안틸로코스를 찾아 이곳 저곳을 헤매 다녔다.

싸움이 계속되는 동안, 아킬레우스의 말들은 울면서 자리를 떠나지 않았다. 헥토르의 창에 맞아 파트로클로스가 목숨을 잃은 후, 말들은 아무리 때리고 달려도 움직이려 하지 않았다. 비석처럼 꼿꼿하게 서서 머리를 숙이고 눈물을 떨어뜨리고 있었다.

제우스는 말들에게 용기를 불어넣어 주었다. 말들은 갈기에 묻은 흙을 털고 앞으로 나아갔다. 오트메돈은 적들을 마구 공격했다.

그러나 적을 단 한 명도 죽이지 못했다. 혼자서 수레를 몰고 창질까지 할 수는 없었기 때문이었다.

알키메돈이 그의 모습을 목격하고 말했다.

"혼자 힘으로 트로이 군과 싸울 생각을 했단 말이오? 지금 헥토르는 아킬레우스 장군의 갑옷을 입고 뽐내고 있소."

오트메돈이 대답했다.

"지금 우리에게는 이 말을 다룰 만한 사람이 없소. 살아 있을 때에 신과 같은 재능을 지녔던 파트로클로스를 빼고 말이오. 그런데 그 분은 전사하고 말았소. 자, 이 채찍과 고삐를 맡아 주시오. 나는 전차에서 내려 싸우겠소."

알키메돈은 전차 안으로 들어가 채찍과 고삐를 잡았다.

그 모습을 본 헥토르가 외쳤다.

"지금 아킬레우스의 말이 나타났소. 지금 저 말을 다루는 자는 대수롭지 않은 자들이오. 그러니 말을 빼앗을 수 있을 것이오."

헥토르는 아이네이아스와 함께 앞으로 나아갔다. 그러나 오트메돈은 자신만만하게 알키메돈에게 말했다.

"알키메돈, 말들을 내 등뒤에 바싹 따라오도록 해 주시오. 말들의 숨소리를 느낄 수 있도록 말이오. 헥토르는 자신이 죽음을 당하지 않는 한, 우리를 죽이고 말들을 빼앗으려고 할 것이오. 그리고 우리 진영을 없애려고 할 것이오."

그리고 오트메돈은 아이아스와 메넬라오스에게 도움을 청했다.

"와서 우리를 좀 도와주시오. 트로이에서 가장 무서운 헥토르와 아이네이아스가 우리를 죽이려고 달려오고 있소. 나는 모든 것을 신의 뜻에 맡기고 창을 던지겠소. 결과는 오직 제우스 신께서 결정하실 것이오.”

오트메돈은 있는 힘을 다해 창을 던졌다. 창은 아레토스의 목숨을 빼앗아갔다. 헥토르는 오트메돈에게 창을 던졌다. 하지만 이를 잘 보고 있던 오트메돈은 피했고, 창은 땅에 꽂혔다. 그러자 오트메돈은 아이아스에게 도움을 청했다. 아이아스의 모습을 본 헥토르와 아이네이아스는 뒤로 물러났다.

얼마 후, 메넬라오스는 안틸로코스를 찾을 수 있었다. 그는 안틸로코스에게로 가서 외쳤다.

“안틸로코스, 나쁜 소식을 갖고 왔소. 이미 알고 있겠지만 트로이 군은 승리를 거둘 것이오. 신이 우리에게 재앙을 내리신 것이오. 그런데 우리에게 힘을 주던 파트로클로스가 전사했소. 지금 적들은 시체를 가져가려고 덤비고 있소. 어서 아킬레우스 장군에게 가서 파트로클로스의 죽음을 알리시오. 서둘러요!”

이 말을 들은 안틸로코스는 무척 놀랐다. 그는 뒤에 있던 라오도코스에게 무기를 주고, 재빨리 아킬레우스에게 달려갔다. 메넬라오스는 곧 아이아스에게 돌아왔다.

“지금 안틸로코스를 보내고 왔소. 그런데 아킬레우스가 여기까지 올지는 알 수 없소. 아무 무기도 없이 헥토르와 싸울 수는 없기 때문이오. 그러니 우리끼리라도 최선을 다해 이 시체를 구하고, 우리의 목숨을 지킬 방법을 생각해 봅시다.”

그러자 아이아스가 말했다.

“맞는 말씀입니다. 장군과 메네오네스는 시체를 들어서 운반하십시오. 나는 뒤에서 적을 막겠소."

이렇게 싸우면서 그들은 시체를 함대로 운반해 갔다. 그러나 헥토르
와 아이네이아스는 맹렬히 공격하며 따라왔다.

아킬레우스의 슬픔

아킬레우스는 파트로클로스가 돌아오지 않아서 몹시 걱정하고 있었
다.

'무슨 일이 생긴 건 아닐까? 이렇게 늦어질 리가 없는데…….'

아킬레우스는 막사 밖으로 나와 서성거렸다. 그 때, 안틸로코스가 숨
을 헐떡이며 아킬레우스에게 달려왔다.

"장군, 파트로클로스 장군께서 돌아가셨습니다. 트로이 군은 장군의
갑옷과 군화를 빼앗고, 벌거벗은 시체를 싸움터에 버려 두었습니다.
지금 우리 군사들과 트로이 군은 파트로클로스 장군의 시체를 빼앗으
려고 싸우고 있습니다. 갑옷은 이미 빼앗겨서 헥토르가 입고 있습니
다."

그 소식을 들은 아킬레우스는 그 자리에 앉아서 통곡했다. 오랜 친구
의 죽음은 그를 한없이 약하게 만들었다. 아킬레우스의 어머니 테티스
도 아들의 슬픔에 함께 괴로워했다. 그녀는 아킬레우스 앞에 모습을 나
타냈다.

"내 아들 아킬레우스야, 왜 그렇게 슬퍼하고 있니? 제우스 신께서는
너의 소원을 들어주셨잖니. 아가멤논의 코를 납작하게 해 주었는데,
아직도 분이 풀리지 않는 거니?"

"어머니, 그 때는 아가멤논에게서 받은 모욕이 가장 슬픈 일이었어
요. 그런데 지금 친구를 잃고 나니, 그런 것쯤은 아무것도 아니라는

생각이 들어요. 제가 그런 사소한 일에 고집을 부려서 친구를 죽게 만들었는지도 모릅니다. 저는 갑옷과 무기도 함께 잃었어요. 헥토르는 제 갑옷과 무기를 차지했습니다. 지금 저에게 가장 중요한 일은 헥토르의 목숨을 끊어 놓는 것입니다. 그래야만 제 친구도 눈을 감을 수 있을 것입니다."

아킬레우스의 눈에서는 여전히 눈물이 흐르고 있었다.

"아킬레우스, 네 슬픈 마음은 엄마도 잘 알고 있단다. 그렇지만 네가 헥토르를 죽이면 너 역시 불행해질 거야."

"어머니, 저는 그 동안 수많은 동료들이 죽어 가는데도 보고만 있었어요. 옳고 그름을 똑바로 판단하지 못했던 거예요. 제가 지금 싸움터로 나선다고 해서 아가멤논에 대한 마음이 풀린 것은 아닙니다. 그렇지만 친구가 죽었는데도 가만히 있을 수는 없어요. 어떠한 불행이 닥치더라도 친구의 원수만은 갚고 싶습니다. 제가 신들께 벌을 받더라도 상관없어요. 파트로클로스는 신들의 신임을 받아왔는데도 저렇게 죽고 말았습니다. 저도 원수를 갚은 후에는 죽음을 택하겠어요. 어머니, 제 결심은 절대 흔들리지 않을 거예요. 저를 설득하려고 하지 마세요."

테티스 여신은 아들의 비극적인 운명도, 또 그 운명을 피하는 방법도 알고 있었다. 그런데도 아들의 결심을 꺾을 수가 없다는 것을 알고, 눈물을 흘릴 수밖에 없었다.

"아킬레우스, 친구의 죽음을 그렇게 슬퍼하는 네 마음은 참 아름답구나. 그렇지만 너에게는 이제 갑옷이 없지 않니? 헥토르가 네 갑옷을 입고 싸우고 있는데, 너에게는 아무것도 없잖아. 네가 다칠까 봐 너무 걱정이 되는구나."

테티스는 아들의 굳은 얼굴을 오래도록 바라보았다.

"아킬레우스, 내가 지금 대장장이 신 헤파이스토스에게 다녀오겠다. 네 갑옷과 투구, 군화를 다시 만들어 달라고 부탁할 테니까 조금만 더 기다려 주겠니? 내일 아침까지는 돌아올게."

테티스는 올림포스로 떠나면서 자매들인 네레이스에게 말했다.

"지금 아버지에게 돌아가서 이 모든 사실을 알리세요. 나는 올림포스로 올라가서, 내 아들에게 갑옷을 만들어 달라고 부탁해 보겠어요."

테티스는 올림포스 산으로 급히 올라갔다.

그러는 동안 헥토르는 무서운 기세로 그리스 군을 쫓았고, 그럼에도 불구하고 그리스 군은 파트로클로스의 시체를 무사히 운반할 수 있었다. 하지만 헥토르를 몰아내는 일은 쉽지 않았다. 이리스만 나타나지 않았더라면, 헥토르는 시체를 가져갈 수 있었을지도 모른다. 헤라는 이리스를 아킬레우스에게 보냈다.

"아킬레우스, 어서 가서 파트로클로스의 시체를 구하시오. 헥토르가 시체를 빼앗아 간다면, 파트로클로스는 개의 먹이가 될 것이오. 그러면 그보다 더한 창피가 어디 있겠소? 어서 가시오!"

"누가 당신을 보냈습니까?"

"헤라 여신께서 직접 보내셨습니다. 제우스 신도 이 사실을 모르고 계십니다."

"그렇지만 내 어머니께서 지금 새 갑옷을 부탁하러 가셨습니다. 지금 이곳에는 내가 쓸 만한 무기가 아무것도 없소."

"아킬레우스 장군이 나타난 것만으로도 그리스 군에게는 큰 힘이 될 것입니다. 그리고 트로이 군은 놀라서 도망칠 거예요."

말을 마친 이리스는 재빨리 사라졌다. 아킬레우스는 벌떡 일어섰다. 그러자 아테나는 아킬레우스의 어깨에 술이 달린 아이키스를 걸쳐 주고, 머리 위에 황금빛 안개를 펼쳐 주었다. 그의 몸에서는 불꽃이 반짝였다.

아킬레우스는 성벽 위로 올라갔다. 어머니의 간곡한 부탁이 있었기 때문에, 동료들과 함께 싸울 수는 없었던 것이다. 아킬레우스는 무섭게 고함을 쳤다.

트로이 군은 아킬레우스의 고함 소리를 듣고 겁에 질렸다. 그리고 아킬레우스의 머리 위로 타오르는 불빛을 보고 어리둥절해했다. 아킬레우스가 세 번 소리를 지르자, 트로이 군은 세 번이나 혼란에 빠졌다. 그 혼란 속에서 그들은 자기 편 전차에 치이고 창에 찔렸다. 트로이의 장군 열두 명이 목숨을 잃었다.

그래서 그리스 군은 무사히 파트로클로스의 시체를 운반해 올 수 있었다. 절친한 친구가 관 위에 누워 있는 것을 보자, 아킬레우스는 뜨거운 눈물을 흘렸다.

밤이 되자, 트로이 군은 회의를 열었다. 그들은 한동안 공포에 질려 자리에 앉을 생각조차 하지 못했다.

폴리다마스가 말했다.

"우리가 오늘 밤을 이 평원에서 보낼 것이 아니라 성으로 돌아갑시다. 아킬레우스가 아가멤논에게 원한을 품고 있었을 때에는 싸우기가 쉬웠소. 그렇지만 지금은 달라요. 나도 아킬레우스가 두렵소. 그는 이 평원뿐만 아니라 우리의 성까지도 공격할 것이오. 일단 성으로 돌아갑시다. 내일 그가 무장을 하고 나타난다면, 우리는 모두 목숨을 잃게 될지도 몰라요. 성으로 돌아가서 성벽을 따라 무장을 갖춘 파수꾼을 세웁시다. 그러면 그가 공격하더라도 불리하게 될 것입니다. 오히려 그가 잃게 될 거요."

그러자 헥토르가 말했다.

"제우스 신께서는 나에게 승리를 허락하셨소. 그런데도 성 안으로 도망치라고? 그런 말은 듣지 않겠소. 자, 이제 돌아가서 식사를 충분히 하고 보초를 서도록 하시오. 내일 새벽 무장을 단단히 하고 적을 공격합시다. 나는 절대로 싸움을 피하지 않겠소! 죽음도 두렵지 않소!"

트로이 군은 헥토르의 말을 지지했다. 아테나가 그들에게서 분별력을 빼앗았기 때문이었다.

한편, 그리스 군은 밤새도록 파트로클로스의 곁을 지켰다. 아킬레우스는 친구의 가슴을 쓰다듬으며 통곡했다.

"내가 바보였어. 자네 아버지께는 자네가 승리를 거두고 돌아오게 하겠다고 했었지. 그런데 이게 무슨 꼴인가? 우리는 트로이에서 죽을 운명인 모양이야. 파트로클로스, 나는 자네를 죽인 헥토르의 머리를 베어 오기 전까지는 자네의 장례를 치르지 않겠네. 그리고 자네의 죽음의 대가로 트로이에서 온 지체 높은 아들 열두 명의 목을 베어 버리겠어."

아킬레우스는 따뜻한 물로 시체를 닦아 주고, 상처에 향기로운 기름을 부었다. 그리고 화려한 비단옷을 입혀 주었다.

밤이 되자, 양쪽 군대는 싸움을 멈추고 자기 진영으로 돌아갔다. 그리스 군은 밤새도록 잠을 이룰 수 없었다. 아킬레우스의 슬픈 울음소리가 귓가를 맴돌았기 때문이었다.

그 무렵, 테티스는 헤파이스토스의 궁전에 도착했다. 이 궁전은 청동으로 지어졌고, 별들이 새겨져 있으며, 절대로 부서지지 않았다. 테티스가 가서 보니, 헤파이스토스는 땀을 흘리며 일을 하고 있었다.

"테티스 여신께서 이 곳까지 오시다니, 참으로 반갑군요."

"부탁이 있어서 왔어요."

테티스는 아들 아킬레우스의 이야기를 자세히 털어놓았다.

"아무 걱정 마세요. 제가 그전보다도 더욱 튼튼한 갑옷과 투구, 군화를 만들어 드릴게요. 아드님은 아주 훌륭한 갑옷을 입게 될 것입니다. 그 갑옷을 보는 사람은 누구나 놀랄 것입니다. 그리고 무서운 액운이 아드님에게 닥칠 때면, 내가 아드님을 죽음에서 벗어나게 해 드리겠습니다."

헤파이스토스는 렘노스 섬에서 자신을 돌보아 준 테티스에 대해, 고마운 마음을 항상 갖고 있었다. 헤파이스토스는 온 기술을 발휘해서 훌륭한 무기를 만들어 냈다. 그 솜씨에 신들이 모두 감탄할 정도였다.

"정말 고마워요! 이 은혜는 절대로 잊지 못할 거예요."

테티스는 눈물을 흘리며 헤파이스토스에게 감사 인사를 했다.

아킬레우스와 아가멤논의 화해

새벽의 여신 에오스가 모습을 드러낼 무렵, 테티스는 아킬레우스에게 다가왔다. 아킬레우스는 여전히 파트로클로스의 시체 앞에서 눈물을 흘리고 있었다.

"얘야, 이 무기를 가지고 가거라."

아킬레우스는 테티스의 말에 정신을 차리고 무기를 살펴보았다.

"어머니, 정말 훌륭해요! 이 무기를 가지고 나가면 이길 수 있을 것 같아요."

무기를 보던 아킬레우스의 얼굴은 잠시 환해졌지만, 곧 어두워졌다.

"어머니, 제가 다녀올 동안 파트로클로스의 시체가 썩지 않도록 해 주세요."

"문제 없어. 암브로시아와 넥타르를 바르면, 시간이 지나도 썩지 않을 거야. 1년이 지나도 살은 깨끗하고 싱싱할 거야. 그러니까 아가멤논과 화해하고, 힘을 합해서 트로이를 무찌르도록 해라. 알겠니?"

테티스는 파트로클로스의 콧구멍 속에 암브로시아와 넥타르를 떨어뜨린 다음, 바닷속으로 돌아갔다.

아킬레우스는 갑옷으로 단단히 무장하고 장군들에게로 달려갔다.

"어서 일어나시오! 트로이를 단번에 무찌를 수 있도록 계획을 세웁시다."

아킬레우스의 고함 소리에 잠에서 깨어난 그리스의 장군들은 기쁜 마음을 감추지 못했다.

여기저기에서 부상을 당한 장군들이 달려나왔다. 장군들이 모두 모이자, 아킬레우스는 아가멤논에게 말했다.

"아가멤논 장군, 우리 그 동안의 나쁜 감정은 모두 잊어버립시다. 우리는 그리스를 승리로 이끌어야 하는 책임이 있습니다. 그런데 그 동안 개인의 감정 때문에 많은 병사들이 희생당했습니다. 헥토르가 우리 사이가 나쁘다는 것을 알고 얼마나 기뻐했겠습니까? 이제 우리는 전과 같은 불행은 만들지 말아야 합니다. 힘을 모아서 트로이를 무너뜨려야 합니다."

아가멤논이 말했다.

"지금까지 나는 많은 잘못을 저질렀습니다. 그렇지만 그것은 모두 신들 때문입니다. 신들이 나의 눈을 멀게 하고, 지혜를 빼앗아 갔습니다. 제우스 신께서는 그런 나를 벌하시려고 했던 것입니다. 아킬레우스 장군, 나를 용서하시오. 그리고 내가 전에 오디세우스 장군을 통해 말씀드린 선물을 받아 주십시오."

"나에게는 선물보다 파트로클로스의 원수를 갚는 일이 더 급합니다."

그러자 오디세우스가 앞으로 나섰다.

"아킬레우스 장군의 말씀도 맞습니다만, 싸움에서 이기려면 힘을 길러야 합니다. 음식을 배불리 먹고, 휴식을 취해야 합니다. 배가 고프면 새벽부터 저녁까지 싸울 수가 없습니다. 그러니 군대를 해산시켜서 식사를 하도록 명령하십시오. 그리고 아가멤논 장군의 선물을 받으세요. 그리고 두 분 장군께서는 다시는 그런 일이 없도록 할 것을 이 자리에서 맹세해 주세요."

"맹세하겠습니다. 신 앞에서 거짓말을 하지 않겠습니다. 그러니 아킬레우스 장군, 선물이 도착할 때까지 기다려 주세요. 그 동안 우리도 휴식을 취합시다."

"고맙습니다. 그렇지만 선물은 헥토르를 무찌른 후 받겠습니다. 머릿속에 전쟁에서 목숨을 잃은 우리 병사들의 얼굴이 떠올라서 견딜 수가 없습니다. 병사들이여, 주린 채로 싸워라! 저녁때가 되면 충분히 먹을 수 있을 것이다. 그 때까지는 빵 한 조각도 내 목구멍으로는 넘어가지 않을 것이오. 내 친구가 죽어서 내 막사에 누워 있는데, 그 무엇이 넘어가겠소?"

아킬레우스는 금방이라도 싸움터로 달려나갈 듯이 소리쳤다. 오디세우스는 아킬레우스를 달랬다.

"아킬레우스 장군, 서두르면 오히려 일을 망칠 수도 있습니다. 천천히 계획을 세우고, 트로이 군을 무찌르도록 합시다. 충분히 먹고 마셔야 무장을 더욱 튼튼하게 할 수 있고, 피로에 쫓기지 않을 수 있소. 그래야만 적과 싸울 수 있는 것이오."

아킬레우스는 오디세우스의 말에 따르기로 했다.

아가멤논은 자신의 배에서 선물을 가져오도록 했다. 그 선물은 브리세이스와 황금 열 뭉치, 말 열두 마리, 보물 상자 일곱 개, 금그릇 스무

개 등이었다.

아가멤논은 병사들이 지켜보는 가운데 선물을 전달하고, 제우스 신에게 기도를 올렸다.

"제우스 신이시여! 저희 그리스 군을 보호하여 주십시오. 그 동안 저희 두 사람의 잘못으로 인해 많은 병사들이 목숨을 잃었습니다. 이제 잘못을 뉘우치고 마음을 모으려고 하니, 저희가 이길 수 있도록 지켜주십시오."

아가멤논의 기도가 끝나자, 곧 잔치가 벌어졌다. 그렇지만 아킬레우스의 마음에는 슬픔만이 가득할 뿐이었다.

'모두들 기쁨에 넘치는데, 나는 그 기쁨을 함께 할 수가 없구나.'

아킬레우스의 막사로 돌아온 브리세이스는 파트로클로스를 보며 눈물을 흘렸다.

"나를 그렇게도 아껴 주던 분이 이렇게 돌아가시다니……. 아킬레우스 장군이 내 남편을 죽이고 나를 데려왔을 때, 장군께서는 나에게 울지 말라고 하셨지요. 나를 아킬레우스 장군의 정실 부인이 되게 하시고, 성대하게 결혼 잔치를 열어 주시겠다고 하셨지요. 그런데 장군께서 이렇게 돌아가시다니……."

장군들은 아킬레우스를 위로하며 식사를 권했다. 그러나 아킬레우스는 슬픔에 빠져 아무것도 먹지 못했다. 그러자 대부분의 장군들은 돌아갔지만, 오디세우스, 네스토르, 이도메네우스 등은 남아서 아킬레우스를 위로했다.

아킬레우스는 깊은 한숨을 내쉬며 말했다.

"내가 가장 사랑하는 친구가 온몸이 만신창이가 되어 누워 있구나. 내 아버지가 돌아가셨다 해도, 내 아들이 죽었다 해도 지금 같지는

않았을 것이다. 나는 내가 죽게 되더라도, 자네만은 살아서 프티아로 돌아가기를 바랐어. 그러면 자네는 내 아들을 데려다가 재산을 물려주었을 거야. 내 아버지는……. 이제 돌아가셨겠지? 살아계신다고 해도, 내가 죽었다는 비보나 기다리고 계시겠지.”

올림포스에서 아킬레우스의 모습을 본 제우스는 아테나를 불렀다.

“너는 네 영웅을 완전히 망쳐 버렸나 보구나! 아킬레우스는 친구의 죽음을 슬퍼하느라 먹지도, 마시지도 않는구나. 어서 가서 그의 가슴에 넥타르와 암브로시아를 넣어 주어라. 그렇지 않으면 그는 싸울 힘을 잃을 거야.”

아테나는 아킬레우스에게 힘을 불어넣어 준 후, 다시 올림포스로 돌아갔다.

아침이 되자, 그리스 군은 무장을 갖추고 쏟아져 나왔다. 그 한가운데에는 아킬레우스가 서 있었다. 전차에 말도 매어 올렸다.

"베이, 피발드! 우리가 충분히 싸우고 전투를 끝내면, 주인을 안전하게 모셔 가거라. 파트로클로스 때처럼 그 자리에서 죽게 버려 두지 말거라."

그러자 베이가 말했다. 헤라가 시켰기 때문이었다.

"아킬레우스 장군님, 이번에는 반드시 주인님을 구하겠습니다. 그러나 주인님의 운명은 이제 얼마 남지 않았습니다. 주인님께서 돌아가시는 것은 주인님 자신의 운명입니다."

복수의 신이 말을 막았기 때문에 그는 입을 다물었다.

"내 죽음을 왜 미리 말하는가? 그런 말은 필요 없다. 나도 내가 여기서 죽는다는 것은 잘 알고 있다. 그러나 트로이 군이 다시는 싸울 엄두를 내지 못할 만큼 기죽이기 전에는 절대 이 싸움에서 손을 떼지 않겠다!"

말을 마친 아킬레우스는 말을 몰아 싸움터로 달렸다.

아킬레우스

제우스는 신들을 불러 회의를 열었다.

"이제는 서로 죽고 죽이는 전쟁이 계속되는 것이 걱정됩니다. 나는 그저 지켜보기만 하려고 합니다. 그대들도 트로이 군이건 그리스 군이건 상관하지 말고 좋을 대로 도우세요. 아킬레우스가 싸움에 나갔으니 트로이 군이 잔뜩 겁을 내며 떨고만 있습니다. 게다가 아킬레우스가 친구의 죽음으로 분노에 불타고 있으니, 자신의 운명이 다하기도 전에 트로이를 무너뜨리지나 않을까 염려가 되는군요."

제우스의 말이 떨어지자, 신들은 양편으로 나누어져서 싸움터로 달려갔다. 그리스 진영에는 헤라, 아테나, 포세이돈, 헤르메스, 그리고 헤파이스토스가 갔다. 트로이 진영에는 아레스, 아폴론, 아르테미스, 레토, 크산도스, 아프로디테가 갔다.

신들은 두 편으로 나누어져서 자기 편을 격려하고, 직접 싸움에 나섰다. 제우스는 천둥을 쳤고, 포세이돈은 땅이며 산봉우리를 흔들어 댔다. 아폴론은 포세이돈에 맞섰고, 아네리오스에게는 아테나가 대항했다. 헤라와 아르테미스가 싸우고, 레토는 헤르메스와, 헤파이스토스는 크산도스와 맞섰다.

아킬레우스는 헥토르와 맞서게 되기를 바라고 있었다. 그래서 그는 헥토르를 찾고 있었다. 그러나 아폴론은 아이네이아스를 내보내기로 했다. 그래서 그는 리카온의 모습으로 나타나서 아이네이아스에게 말했다.

"아이네이아스, 아킬레우스와 맞설 사람은 자네뿐이야. 멋지게 아킬레우스를 무찌르고, 우리 트로이를 구해 주게."

아이네이아스는 아킬레우스가 자신보다 강하다는 것을 알고 있었지만, 싸움을 피하고 싶지 않았다. 그는 용기를 내어 아킬레우스 앞에 나섰다.

아이네이아스의 모습을 본 아킬레우스가 그에게 소리쳤다.

"지난번 이다 산에서는 꼬리를 내리고 도망치더니, 지금은 싸울 용기가 생겼느냐? 그래, 덤벼봐라! 상대해 주마."

"건방진 소리는 그만 해라. 너는 네가 여신의 아들이라고 자랑스러워했겠지? 나 역시 아프로디테 여신의 아들이다. 그러니 너를 상대해 줄 사람은 나밖에 없지 않겠느냐?"

아이네이아스는 아킬레우스를 향해 창을 던졌다. 그러나 아킬레우스는 창을 휘둘러서 아이네이아스의 창을 받아쳤다. 아이네이아스의 창은 땅으로 떨어지고 말았다.

아킬레우스는 온 힘을 실어 아이네이아스를 향해 창을 던졌다. 아이네이아스는 방패를 들어 아킬레우스의 창을 막았지만, 창은 방패를 뚫고 말았다. 그러나 아이네이아스의 어깨를 스치고 지나갔을 뿐이었다. 아이네이아스가 다칠까 봐 포세이돈이 도와주었던 것이었다.

"받아라! 아킬레우스!"

아이네이아스는 두 사람의 힘으로도 들 수 없을 만큼 커다란 돌을 던지려고 했다. 아킬레우스는 칼을 빼들고 아이네이아스를 향해 돌진했다.

'이런! 이대로 두면 아이네이아스가 죽고 말 거야.'

포세이돈은 재빨리 두 사람 사이에 구름을 일으켰다. 그리고 아이네이아스를 군사들 머리 위로 번쩍 들어서 전선 뒤쪽에 내려놓았다.

"이놈이 어디로 사라졌지? 또 도망친 건가?"

구름이 걷힌 후 아이네이아스가 보이지 않자, 아킬레우스는 이상하게 생각하며 다른 적을 공격했다. 그러나 아무도 그를 공격하려고 하지 않았다.

그러자 헥토르가 트로이 군에게 말했다.

"아킬레우스를 무서워하지 말아라! 그가 아무리 강하더라도 나는 그와 맞서 싸우겠다."

트로이 군은 하나 둘 힘을 내어 앞으로 나아갔다. 죽고 죽이는 싸움이 이어졌다.

그 때, 아폴론이 헥토르에게 나타났다.

"헥토르, 아직은 혼자 힘으로 아킬레우스와 싸워서는 안 되오. 저 군중 뒤에 숨어서 기회를 엿보시오. 칼에 맞지 않도록 조심해야 하오."

헥토르는 깜짝 놀라 군사들 틈으로 숨어들었다. 트로이의 군사들은 아킬레우스의 앞에 하나 둘씩 쓰러졌다. 그 중에는 헥토르의 동생인 폴리도로스도 끼여 있었다. 아킬레우스는 폴리도로스의 등을 창으로 찔렀는데, 그 창에 폴리도로스는 목숨을 잃고 말았다. 아킬레우스를 막을 자는 아무도 없는 것처럼 보였다.

그 모습을 본 헥토르는 더 이상 숨어 있을 수가 없었다. 그는 창을 들고 아킬레우스에게로 달려갔다.

"헥토르, 잘 만났다! 네놈을 얼마나 기다렸는지 모른다. 이제 내 친구의 원수를 갚을 수 있겠구나."

"네가 내 목숨을 가져갈 수 있을 것 같으냐? 어림없는 소리 마라!"

헥토르는 아킬레우스를 겨누어서 창을 던졌다. 그러자 아테나는 창을 가볍게 불어서 되돌려 보냈다. 아킬레우스는 고함을 지르며 헥토르에게 달려들었다.

그러자 아폴론은 헥토르를 짙은 안개 속에 감추었다. 아킬레우스가 세 번이나 헥토르를 공격했지만, 모두 짙은 안개만을 쳤을 뿐이었다. 그는 네 번째 공격을 하며 소리쳤다.

"이번에도 너는 죽음을 피해 가는구나. 다음번에 우리가 다시 만난다면, 그 때 내가 신의 도움을 받고 있다면 너는 목숨을 잃게 될 것이다. 그 동안에는 다른 놈이나 죽여야겠구나."

아킬레우스는 트로이의 장군들을 향해 창을 던졌다. 자신의 앞에 다가오는 적들을 닥치는 대로 죽여서 시체가 쌓여갔다.

크산도스 강의 신과 아킬레우스

아킬레우스의 쉼없는 공격에 트로이 군은 후퇴하기 시작했다. 그렇지만 아킬레우스는 그들의 뒤를 바짝 쫓았다.

"네놈들의 목숨은 내 손 안에 들어 있다. 도망칠 테면 얼마든지 도망쳐라!"

트로이 군은 급한 마음에 크산도스 강으로 뛰어들었다. 그렇지만 거센 물결은 그들의 목숨을 탐낼 뿐이었다.

아킬레우스는 강가에 도착하자, 망설임 없이 강으로 뛰어들었다. 그리고 절벽을 기어오르는 트로이 군을 닥치는 대로 죽였다. 그리고 파트로클로스의 죽음에 대한 대가로서 그들 중 열두 명을 사로잡았다. 먼저 아킬레우스는 헥토르의 동생 리카온를 잡았다.

"나는 네놈을 렘노스 섬으로 팔았는데, 그 넓은 바다조차도 너만은 막을 수가 없었나 보구나. 그렇다면 내 창맛을 보거라! 내 창도 막을 수 있는지 보자."

아킬레우스의 창이 눈앞으로 다가오자, 리카온은 갑옷과 무기를 버리고 무릎을 꿇었다.

"제발 살려 주십시오! 저를 살려 주신다면 저의 아버지는 소 3백 마리를 바칠 것입니다. 저를 불쌍히 여겨 주십시오. 저의 어머니께서는 아들 둘을 낳으셨습니다. 그런데 저의 형은 벌써 장군님의 창에 목숨을 잃었습니다. 저마저도 장군님의 손에 죽는다면, 저의 어머니는 어떻게 지내시겠습니까? 제발 살려 주세요."

그렇지만 아킬레우스의 얼어붙은 마음은 녹지 않았다.

"어리석은 놈! 나에게 몸값 얘기는 하지도 말아라. 파트로클로스가 살아 있다면 너의 부탁을 들어줄 수 있었을 것이다. 그렇지만 헥토르가 내 친구를 죽인 후, 나는 인정이 모두 메말라 버렸다. 이제 신께서 내게 넘겨주신 자는 죽음을 피할 수 없다. 트로이 군들은 말할 것도 없고, 특히 헥토르의 형제들은 생각할 필요도 없다. 너도 파트로클로스처럼 죽음의 나라로 가거라. 사람은 운명이 다하면 죽는 것이니 두려워하지 말아라. 네 운명은 오늘로써 끝나는 것이다. 울지 말아라. 파트로클로스도 죽었다. 그는 너보다 훨씬 더 뛰어난 장군이었다. 나도 또한 큰 장군으로 보이지 않는가? 나의 아버지는 장군이고, 어머니는 여신이다. 그렇지만 나도 죽음을 맞이할 때가 올 것이다. 그게 언제가 될지 모르지만 말이다."

아킬레우스는 창으로 찌르고, 칼로 리카온의 목을 베어서 차가운 강물 속으로 던졌다.

"이 크산도스 강의 신은 황소를 사랑한다고 한다. 그러니 나에게 바치겠다던 황소를 강의 신에게 바치거라. 혹시라도 너를 다시 살려 줄지도 모르니까……."

그런데 그 말을 크산도스 강의 신이 듣게 되었다.

"아킬레우스, 끔찍한 짓을 잘도 저지르는구나! 산과 들로 부족해서 이제는 강까지 더럽히려는 것이냐? 깨끗하던 강이 피로 물들었구나. 이제 그만 물러가라. 그렇지 않으면 너도 무사하지 못할 거야!"

아킬레우스는 더 화를 내며 말했다.

"원하시는 대로 하고 싶지만, 나는 트로이가 무너질 때까지 절대로 멈추지 않을 것이오! 헥토르와 맞서서 그가 죽든지 아니면 내가 죽든지 결판이 나기 전에는 멈출 수 없습니다."

그러자 강의 신은 화를 참지 못하고 파도를 일으켰다. 파도는 아킬레우스를 덮쳤고, 아킬레우스의 발을 강 밑으로 잡아당겼다. 아킬레우스는 끌려가지 않으려고 강가에 있는 버드나무를 잡고 버텼지만, 나무는 뿌리째 뽑히고 말았다. 아킬레우스는 강물에서 빠져 나와서 평원을 달리기 시작했지만, 강은 멈추지 않고 따라갔다. 아킬레우스가 아무리 빨리 달려도 강은 그를 따라잡았다. 신이 인간보다 강하기 때문이었다. 그는 점점 지쳐갔다.

"제우스 신이시여! 신들 중에서 나를 조금이라도 동정하시는 분은 안 계십니다. 앞으로 어떻게 되더라도 상관하지 않겠습니다. 앞으로는 다른 신들이 아니라 내 어머니를 원망하겠습니다. 어머니는 아폴론 신의 화살에 맞아서 죽으라고 하셨습니다. 그렇지만 저는 헥토르의 손에 죽고 싶습니다. 그런데 지금 나는 강물에 잡혀서 꼴사나운 죽음을 맞게 되었습니다."

아킬레우스가 말을 마치자, 포세이돈과 아테나가 남자의 모습을 하고 나타났다.

"아킬레우스, 겁먹지 말거라! 나와 아테나가 너를 도울 것이니라. 너는 이 강물에 빠져서 죽을 운명이 아니다. 이 강물은 곧 물러갈 것이다. 너에게 충고할 것이 있다. 너는 더 힘을 내어 싸워서, 남은 트로이 군을 모두 성으로 몰아넣어라. 대신 헥토르와 싸워서 그를 죽이게 되면, 바로 함대로 돌아가거라. 우리가 너의 승리를 도울 것이다."

아킬레우스는 용기를 얻어 평원으로 나아갔다. 아테나는 물살을 버틸 수 있는 힘을 그에게 넣어 주었다.

그러나 강의 신은 더욱더 화가 나서 큰 파도를 일으켰다. 그리고 동생 시모에이시오스를 불렀다.

"우리 힘을 합하자! 저놈을 그냥 두었다가는 트로이를 점령하고 말 것이다. 어서 상류에서부터 물을 불려 오너라. 홍수를 일으키고, 나무며 돌을 마구 휩쓸어 버려라. 저놈의 튼튼한 몸도, 갑옷도 모두 소용이 없도록 진흙에 묻어 버리자. 난 저놈을 진흙 속에 묻고, 돌을 쌓아서 덮어 버릴 것이다. 그러면 아무도 저놈의 뼈를 찾지 못할 것이다. 자, 여기에 저놈의 무덤을 파자."

강의 신은 높은 파도를 일으켜 아킬레우스의 머리를 덮쳤다. 그 모습을 본 헤라는 헤파이스토스를 강의 신에게 보냈다.

"어서 가서 아킬레우스를 도와라. 큰 불을 일으키거라! 그러면 나는 바람의 신을 불러다가, 큰 강풍을 일으켜서 불길을 몰아가겠다. 너는 둑에 있는 나무들을 태워서 강을 넘치도록 해라. 그 자가 애원을 하든 저주를 퍼붓든 절대 그만두면 안 된다. 내가 그만두라고 할 때까지 버티거라."

헤파이스토스는 큰 불을 일으켰다. 불길은 평원을 휩쓸어서 아킬레우스가 죽인 시체들을 불태웠다. 그리고 불길은 강 쪽으로 옮겨가서 나무들이며 풀들을 마구 태웠다. 물고기들은 뜨거워서 이리저리 몰려다녔으며, 강의 신도 뜨거워서 견딜 수가 없게 되었다.

"헤파이스토스, 우리 싸움은 그만둡시다! 아킬레우스를 트로이 성으로 보내서 끝을 내도록 하시오. 이제 싸움도, 원조도 지긋지긋합니다."

그러나 헤파이스토스는 멈추지 않았다. 그러자 강의 신은 헤라에게 애원했다.

"헤라 여신이시여! 왜 아들을 보내서 나를 괴롭히십니까? 제가 멈추겠으니, 어서 당신의 아들도 그만두게 해 주십시오. 다시는 트로이 군을 돕지 않겠습니다. 그리스 군이 무슨 짓을 하더라도 상관하지 않겠습니다."

그러자 헤라가 말했다.

"헤파이스토스, 이제 됐다! 인간 때문에 신을 괴롭힌다는 것은 옳지 않은 일이야."

이 말에 불길은 멈추었고, 강은 전처럼 둑 사이를 흘러갔다. 신들의 싸움이 점점 더 격해지자, 땅은 진동하고, 하늘에서도 요란한 소리가 났다.

헥토르와 아킬레우스의 결투

성벽 위에서 싸움을 지켜보던 헥토르가 소리쳤다.

"어서 성문을 열어라! 우리 군사들이 모두 들어오거든 문을 닫아라. 아킬레우스가 쫓아오고 있다!"

그 모습을 본 아폴론은 아게노르에게 용기를 불어넣어 주었다.

"어서 가서 아킬레우스를 물리치거라! 너라면 충분히 할 수 있을 거야."

아게노르는 힘을 내어 뒤쫓아오는 트로이 군을 공격했다. 그러나 아킬레우스가 눈앞에 나타나자, 아게노르는 주춤거리고 있었다.

'이러다가 죽는 거 아닐까? 어떡하지?'

아폴론은 다시 아게노르에게 용기를 불어넣어 주었다. 아게노르는 아킬레우스를 향해 말을 몰았다.

"네가 우리를 무너뜨리겠다는 거냐? 이 창이나 받아라!"

아게노르의 창은 아킬레우스의 가슴으로 날아갔다. 그렇지만 아킬레우스의 방패에 맞고 땅으로 떨어지고 말았다.

"어린 놈이 감히 나에게 덤벼? 이제 내 창을 받아라!"

아킬레우스가 창을 던지려고 하자, 아폴론은 아게노르 주위에 짙은 안개를 내렸다.

"이놈이 어디 갔지?"

아킬레우스가 두리번거리고 있을 때, 다시 아게노르의 모습이 나타났다. 아폴론이 아게노르의 모습으로 변신한 것이었다. 아폴론은 들을 지나 강이 있는 곳까지 아킬레우스를 끌고 갔다. 아킬레우스가 성 안으로 들어가지 못하도록 유인한 것이었다. 먼 곳까지 오자, 아폴론은 본래의 모습을 드러냈다.

"나를 죽이려고 쫓아온 것이냐? 네 마음대로 해 보거라. 네 힘으로는 나에게 상처도 입히지 못할 테니까!"

'아, 내가 속았구나.'

그 사이 다른 사람들은 성 안으로 피했지만, 헥토르만은 밖에서 아킬레우스를 기다리고 있었다. 성벽 위에서 지켜보던 아버지 프리아모스와 어머니 헤카베가 안으로 들어오라고 애원했다.

"헥토르, 너 혼자 아킬레우스와 맞서서는 안 된다! 그랬다가는 너는 당장 죽음을 맞게 될 거야. 그러니 어서 들어오너라. 아! 신들께서 나만큼 헥토르를 아껴 주신다면, 아킬레우스는 개의 먹이가 될 텐데……. 벌써 많은 아들들이 목숨을 잃었다. 그러나 너만이라도 아킬레우스의 손에 죽지 않는다면, 그 슬픔이 오래가지 않을 거야. 어서 들어오너라. 이 늙은 아비가 불쌍하지도 않니? 나는 사리를 분별하지 못할 만큼 늙지도 않았고, 불행하게 되어도 좋을 만큼 늙지도 않았다. 그런데도 제우스 신께서는 비참한 운명을 내리시는구나. 아들들을 먼저 보내고, 딸은 종으로 빼앗기고, 궁전은 약탈되었고, 며느리들은 그리스 놈들에게 끌려갔다. 나 자신도 결국에는 죽음을 당하게 되겠지. 이보다 비참한 일이 어디 있겠니?"

프리아모스의 눈물어린 애원에도 헥토르의 마음은 변하지 않았다.

"오늘 싸움에서 많은 부하들이 아킬레우스의 손에 목숨을 잃었습니다. 총사령관인 제가 도망치는 것은 그들에 대한 예의가 아닙니다. 아킬레우스의 목숨을 그들에게 바치겠습니다."

그는 성벽에 기대어 선 채, 아킬레우스가 나타나기를 기다렸다.

'내가 할 수 있는 최선의 방법은 아킬레우스와 싸우는 거야. 죽든 살든 맞설 거야. 아니, 무기를 버리고 맨몸으로 그에게 가서 헬레네와 보물을 돌려주기로 약속하면 어떻게 될까? 하지만 그런 것이 무슨 소

용이 있지? 모든 것은 제우스 신께 맡기고 싸우자. 그 길밖에 없어.'

헥토르가 생각에 잠겨 있을 때, 멀리서 아킬레우스가 나타났다. 빛나는 갑옷을 입고, 창을 휘두르는 모습은 헥토르를 겁에 질리게 만들었다. 헥토르는 성벽을 따라 도망치기 시작했다. 세 바퀴를 돌 때까지 아킬레우스의 추격은 계속되었다.

그 모습을 본 제우스가 소리쳤다.

"헥토르는 많은 소를 제물로 바쳤는데, 지금은 저렇게 쫓기고 있군요. 헥토르를 죽음에서 구해야 할지, 아니면 아킬레우스의 손에 죽게 해야 할지 생각해 보시오."

그러자 아테나가 대답했다.

"걱정 마십시오. 지체하지 마시고 뜻대로 하십시오."

아킬레우스는 전속력으로 쫓아서 헥토르에게 달아날 여지를 주지 않았다. 헥토르는 잡힐 듯하면서도 잡히지 않고 쫓겼다.

네 바퀴째 성을 돌아 크산도스 강을 지날 때, 제우스는 운명의 황금 저울을 꺼냈다. 그리고 그 위에 두 사람의 운명의 추를 올려놓았다. 제우스가 가운데를 잡아서 들어올리자, 헥토르의 운명이 하데스 쪽으로 기울었다. 그러자 아폴론은 더 이상 헥토르를 돕지 않고 곁에서 떠났다.

그 때, 아테나는 아킬레우스에게 다가갔다.

"아킬레우스, 너는 이길 수 있다! 내가 헥토르를 너와 다시 싸우게 만들 테니 승리를 차지하거라. 잠시 멈추어서 숨을 돌려라. 나는 헥토르에게 가서 너와 맞설 용기를 주고 올 테니까!"

아테나는 헥토르의 형제 중 가장 용감한 데이포보스의 모습으로 변장해서, 헥토르 앞에 나타났다. 헥토르는 데이포보스의 모습을 보고 큰 용기를 얻을 수 있었다.

"헥토르, 우리 둘의 힘이면 저 자를 막아 낼 수 있다. 뭐가 그리도 두려워서 도망친단 말이냐?"

"형님, 우리 형제들 중에서 형님만이 나를 도우러 왔군요. 좋습니다. 싸우겠습니다!"

헥토르는 아킬레우스에게 소리쳤다.

"아킬레우스, 너와 맞서 싸우겠다! 그 전에 약속을 하자. 신들이 우리의 증인이요, 목격자이다. 만약에 네가 죽는다면, 나는 네 시체를 그리스 군에게 넘겨 주겠다. 내가 죽는다면, 너는 내 시체를 내 아버지 프리아모스 왕에게 보내거라."

"나는 그런 약속은 할 수 없다. 사자와 인간 사이에는 약속이 있을 수 없다. 항상 서로를 미워할 뿐이지. 너와 나 사이에도 오직 증오만 있을 뿐이다. 내 머릿속에는 오직 파트로클로스의 원수를 갚아야 한다는 생각뿐이다. 네 목숨은 나에게 달려 있다는 것을 잊지 말아라!"

아킬레우스는 헥토르를 향해 창을 던졌다. 헥토르가 피하자, 아킬레우스의 창은 땅에 꽂혔다. 아테나는 얼른 창을 뽑아다가 아킬레우스에게 주었다.

"창이 빗나갔군! 어디 마음껏 창을 던져라. 이제 달아나지 않겠다. 그리고 너는 내 창을 피할 수 있을지 모르겠구나. 네가 죽으면 이 전쟁은 훨씬 쉬워지겠지. 우리가 두려워하는 것은 바로 너니까!"

이번에는 헥토르가 아킬레우스에게 창을 던졌다. 그러나 창은 아킬레우스의 방패에 맞고 튀어나왔다. 헥토르는 무척 화가 났지만, 그에게는 다른 창이 없었다.

"데이포보스, 창 좀……."

데이포보스에게 창을 빌리려고 몸을 돌렸을 때, 헥토르는 자기가 속았다는 것을 알 수 있었다. 그의 뒤에는 아무도 없었기 때문이었다.

'이대로 죽어야 하나……. 아테나 여신에게 속았구나. 이것이 나를

보호하시던 제우스 신과 아폴론 신의 마음이란 말인가? 죽더라도 부끄럽게 죽지는 않겠다.'

헥토르는 칼을 꺼내 들고 아킬레우스에게 맞섰다. 그렇지만 신이 만든 무기를 지닌 아킬레우스를 당해 낼 수는 없었다. 아킬레우스는 헥토르의 목을 향해 백양나무 창을 던졌다. 헥토르는 그 자리에 힘없이 쓰러지고 말았다.

"이제야 내 친구가 편안하게 잠들 수 있을 것 같구나. 잠시 후면 굶주린 개와 독수리가 와서 너를 보살필 것이다. 하하하!"

숨이 끊어져 가던 헥토르는 겨우 입을 열고 말했다.

"제발 부탁이다. 몸값을 받고 내 시체를 아버지께 보내다오."

"쓸데없는 소리는 하지 말아라. 네 아버지가 아무리 엄청난 몸값을 준다고 해도, 나는 네 시체를 곱게 돌려보내지 않을 것이다. 네가 나에게 어떤 슬픔을 주었는지 모른단 말이냐?"

"너 같은 사람에게 부탁한 내가 잘못이지. 죽어서도 너를 절대 용서하지 않겠다."

말을 마친 헥토르는 숨을 거두었다.

아킬레우스는 헥토르의 갑옷을 벗겼다. 파트로클로스에게 빌려주었다가 빼앗긴 자신의 갑옷이었다.

그리스 군은 헥토르의 시체 주위로 몰려들었다. 아킬레우스는 병사들을 향해 소리쳤다.

"이제 적의 총사령관이 쓰러졌다! 자, 트로이를 무너뜨리는 것은 이제 시간 문제다. 어서 공격 준비를 서둘러라! 그 전에 나는 파트로클로스의 원한부터 풀어 주어야겠다."

아킬레우스는 헥토르의 발목을 가죽끈으로 묶어서 전차 뒤에 매달았다. 그리고 말에 채찍질을 하며 앞으로 나아갔다. 용감하고 당당한 트로이의 총사령관 헥토르는, 흙먼지를 뒤집어쓰고 비참한 패배자의 모습이 되어 있었다.

트로이 성벽 위에서는 프리아모스 왕이 헥토르의 소식을 애타게 기다리고 있었다. 그 때, 그리스 군의 함성과 함께 아킬레우스의 전차가 나타났다.

"저, 저 뒤에 있는 것은……."

아들의 모습을 본 프리아모스 왕은 그 자리에 주저앉고 말았다. 아킬레우스는 헥토르의 시체를 매달고 성 주위를 달렸다. 그 모습을 지켜보던 프리아모스 왕은 갑자기 성 밖으로 나가려고 했다. 놀란 신하들은 프리아모스 왕을 붙잡고 놓지 않았다.

"놓아라! 아들의 시체라도 찾아와야겠다. 내 아들이 저렇게 모욕을 당하고 있는데, 내가 어떻게 참을 수 있단 말이냐? 나를 내버려두어라."

프리아모스 왕은 몸을 제대로 가누지 못할 정도로 통곡했다. 프리아모스 왕의 울음소리는 곧 안드로마케의 귀에 들어가게 되었다.

"누가 이렇게 슬프게 울지?"

안드로마케는 울음소리를 쫓아 성벽으로 올라갔다. 성 밖에서 벌어지고 있는 일을 본 그녀는 정신을 잃고 쓰러지고 말았다.

얼마 후, 정신을 차린 안드로마케는, 포로가 된 자신의 모습과 동냥하는 아들의 모습을 떠올리며 통곡했다.

"당신은 하데스 신의 나라로 가고, 나는 이렇게 혼자 남는군요. 아직 어린 우리 아들은 동냥을 하며 살아가게 되겠지요. 맛있는 것을 먹고, 따뜻한 잠자리에서 자던 우리 아들이 이제는 가시밭길을 가게 되었어

요. 집에는 당신을 위해 짠 비단옷이 쌓여 있는데, 당신은 알몸으로 계시겠군요. 그러니 저 천들은 모조리 불살라 버리겠습니다. 이제 모두 소용없는 것이니까요."

아들을 향한 프리아모스의 마음

헥토르를 죽인 후, 아킬레우스는 헬레스폰토스 해협에 있는 그리스 진영으로 돌아왔다. 아킬레우스는 군대를 해산시키지 않고 말했다.

"오늘 말들이 많은 수고를 했지만, 아직 고삐를 놓지는 마시오. 파트로클로스에게로 가서 인사를 합시다."

전 부대는 전차와 말을 몰고 통곡하면서, 파트로클로스의 시체 주위를 세 바퀴 돌았다.

"파트로클로스, 이제 내 약속을 지켰네. 이제 편히 잠들게."

아킬레우스는 아가멤논에게 갔다. 아가멤논은 큰 가마솥에 물을 끓이도록 했다. 그러나 아킬레우스는 목욕하기를 거절했다.

"파트로클로스를 화장해서 무덤을 쓰고, 내 머리 다발을 자르기 전에는 목욕하지 않겠소. 내가 살아 있는 동안에 이보다 더한 슬픔은 없을 테니 말이오. 그렇지만 식사는 하겠소. 아가멤논 장군, 부탁이 있소. 이제 파트로클로스를 보내 줄 때가 왔으니, 부하들을 시켜 장작을 구해 오도록 하시고, 장례 준비를 해 주시오."

아킬레우스는 맨땅 위에 누워서 잠을 청했다. 겨우 잠이 들었을 때, 파트로클로스가 꿈에 나타났다.

"아킬레우스, 그대는 나를 잊었습니까? 나를 하데스 궁전에 들어가게 해 주시오. 나는 지금 하데스 궁전의 문 앞에서 배회하고 있습니다.

아킬레우스, 장군은 곧 죽을 운명이오. 장군께 한 가지 부탁이 있소. 내 뼈를 따로 묻지 말고, 장군의 뼈와 함께 묻어 주시오. 내가 저지른 살인 때문에 장군의 집에 와서 쭉 함께 자랐듯이 말이오. 나는 그 때 주사위놀이를 하다가 싸움이 일어났는데, 화를 참지 못해서 알피다마스의 아들을 죽였던 것이오."

"파트로클로스, 이리 가까이 오게. 손만이라도 잡고 싶소."

아킬레우스가 손을 뻗었지만, 파트로클로스는 연기처럼 사라지고 말았다.

아침이 되자, 아가멤논은 사람들을 뽑아서 장작을 장만하게 했다. 그리고 아킬레우스는 무덤을 만들 곳으로 파트로클로스를 운반하도록 했다. 파트로클로스를 운반하던 동료들은 머리카락을 잘라서 파트로클로스의 시체를 덮었다. 아킬레우스는 스펠케이오스 강의 신에게 바치고자, 길렀던 머리카락을 자른 후 말했다.

"스펠케이오스 신이시여! 제가 고향으로 돌아가면 신께 제 머리카락을 바치고, 순결한 암양 50마리를 물 속에 바치겠다고 하신 제 아버지의 맹세는 이제 헛되이 되어 버렸습니다. 저는 고향으로 돌아갈 수 없는 운명입니다. 그래서 이 머리 다발을 친구 파트로클로스에게 주어서 가져가도록 하려고 합니다."

그 자리에 있던 사람들은 장작을 높이 쌓고, 그 위에 파트로클로스의 시체를 올려놓았다. 양과 소를 잡아서 올리고, 말 네 마리와 파트로클로스가 기르던 개 아홉 마리 중 두 마리를 옆에 놓고, 트로이의 젊은이 열두 명의 목도 베어 올렸다.

"파트로클로스, 잘 가라! 이제야 모든 약속을 지켰구나. 내 친구의 몸이 불타오르고 있구나. 그렇지만 헥토르는 개의 먹이나 되게 만들겠다."

장작이 타들어가기 시작하자, 그리스 군은 모두 막사로 돌아가서 쉬었다. 그렇지만 아킬레우스는 잠을 이룰 수가 없었다. 눈을 감으면 파트로클로스의 모습이 더욱 선명하게 떠올랐다.

　새벽이 올 무렵, 장작은 모두 탔다. 아킬레우스는 아가멤논에게 말했다.

　"장군님, 파트로클로스의 뼈를 잘 추려서 황금 단지에 넣어 주십시오. 그리고 높은 봉분을 쌓아 주십시오. 나중에 내가 죽으면 내 뼈를 황금 단지에 같이 넣고, 봉분을 더 높이 쌓아 주십시오."

　엄숙한 장례식이 끝난 후, 아킬레우스는 파트로클로스를 기리기 위해서 장례 경기를 열었다.

　장례 경기가 끝난 후에도 아킬레우스는 여전히 슬퍼했다. 화를 참을 수 없을 때면, 아킬레우스는 이륜차에 헥토르의 시체를 매고 끌고 다녔다.

　어느 날, 아킬레우스는 파트로클로스의 무덤 주위를 두 바퀴나 돈 후, 헥토르의 시체를 사람이 잘 다니지 않는 가시밭에 버렸다.

　"여기서 개의 먹이가 되기를 기다려라!"

　그렇지만 신들은 그렇게 되기를 원하지 않았다. 아프로디테는 개들이 다가오지 못하도록 지켰고, 헥토르의 시체에 장미 기름을 발라서 멍들지 않도록 했다. 그리고 아폴론은 헥토르가 햇살에 그을지 않도록, 태양을 구름 뒤로 감추었다.

　아킬레우스가 이렇게 헥토르에게 모욕을 주자, 영광의 신들은 헤르메스 신을 보내 시체를 훔쳐오고자 했다. 대부분의 신들은 찬성했지만, 헤라와 아테나와 포세이돈은 반대했다. 그러자 아폴론이 말했다.

　"헥토르는 제우스 신께 황소를 바치지 않았습니까? 그런데도 저 시체마저 구하지 못하게 하는 것입니까? 아직도 저 아킬레우스만을 도우려고 하십니까? 아킬레우스는 자비라고는 찾아볼래야 찾아볼 수 없는 사람입니다. 아무리 자기의 친구를 위한다지만 헥토르의 목숨을 빼앗고, 전차에 매달아 무덤가를 끌고 다니다니, 이것은 영웅의 행동이 아닙니다."

그러자 헤라가 화를 내며 말했다.

"아킬레우스와 헥토르를 동등한 인간으로 본다면, 아폴론 신의 말에도 일리가 있어요. 하지만 아킬레우스는 여신의 아들이오. 그런데도 그대는 낮은 무리에게만 호의를 베푸는군요."

가만히 듣고 있던 제우스 신이 끼여들었다.

"다툼은 그만두시오! 물론 아킬레우스와 헥토르가 동등한 지위에 있지는 않았지만, 헥토르는 트로이 사람들 중에서 신들에게 가장 사랑을 받았소. 그러니 헥토르의 시체를 빼내는 일은 그만둡시다. 아킬레우스의 어머니 테티스 여신이 지키고 있으니, 그것은 힘든 일이란 말이오. 누가 가서 테티스를 데려오시오. 아킬레우스가 프리아모스로부터 몸값을 받고 헥토르의 시체를 돌려주도록 얘기해 보겠소."

무지개의 여신 이리스는 바다로 내려가서 테티스를 데려왔다.

"테티스, 헥토르의 시체와 아킬레우스 때문에 우리 신들은 9일 동안이나 논쟁을 벌였다오. 아킬레우스에게 가서 마음을 돌려주시오. 헥토르를 돌려주지 않아서 신들이 화났다고 전하시오. 그 누구보다도 내가 화를 내더라고 하시오. 내가 두려워서라도 헥토르의 시체를 내주겠지. 나는 프리아모스에게 이리스를 보내서, 몸값을 치르도록 하겠소. 그는 보물을 충분히 가져가서 아킬레우스의 마음을 풀어 줄 것이오."

테티스는 급히 아킬레우스에게로 달려갔다.

"아킬레우스, 신들이 노여워하고 계신단다. 몸값을 받고 헥토르를 내

주도록 해라."

그러자 아킬레우스는 대답했다.

"제우스 신의 말씀이라면 들어야겠지요."

그 말을 들은 제우스 신은 이리스를 프리아모스에게 보냈다.

"프리아모스, 좋은 소식을 갖고 왔습니다. 제우스 신께서는 몸값을 치르고, 헥토르의 시체를 가져오라고 하십니다. 아킬레우스의 마음에 들도록 몸값을 충분히 가져가야 합니다."

프리아모스 왕은 헤카베 왕비에게 말했다.

"내가 가서 헥토르의 시체를 찾아오겠소. 내가 가진 보물을 모두 주더라도 아들의 시체만은 반드시 찾아오겠소."

"안 됩니다. 아킬레우스에게서는 조금의 인정도 찾아볼 수가 없습니다. 만약 당신마저 목숨을 잃게 된다면 어떻게 합니까? 아마 트로이는 그리스의 차지가 되고 말 것입니다. 제발 이대로 계세요."

헤카베 왕비는 눈물을 흘리며 프리아모스 왕을 막았다.

"나를 막지 마시오. 내가 아킬레우스의 손에 죽음을 당하더라도, 아들을 잠시만이라도 안아 볼 수 있다면 나는 두렵지 않아요."

프리아모스 왕은 보물 창고를 열고 의복과 옷감, 금 10탈란톤, 훌륭한 삼각대 두 개, 황금 술잔을 꺼냈다. 그리고는 아들들을 불러서 마차에 싣도록 했다. 그리고 가장 힘센 말을 마차에 매었다. 모든 준비가 끝나자, 프리아모스 왕은 자신과 나이가 비슷한 마부 이다이오스와 함께 길을 떠났다. 왕비와 왕자들은 프리아모스 왕을 다시는 볼 수 없다고 생각하여 슬픔에 잠겨 있었다.

얼마 후, 마차는 크산도스 강가에 도착했다.

"여기서 잠시 쉬도록 하자."

이다이오스는 마차를 세우고 말에게 물을 먹였다.

그 때, 젊은 청년의 모습을 한 헤르메스가 나타났다. 프리아모스를 보호하기 위해서 제우스가 보낸 것이었다. 그 사실을 모르는 프리아모스와 이다이오스는 두려움에 떨었다.

"임금님, 저 사람이 우리를 해치면 어떻게 하지요? 저 보물을 다 빼앗아가기라도 하면 어떻게 하지요?"

헤르메스는 불안해하는 두 사람에게 다가왔다.

"임금님, 이 밤중에 어디를 가십니까? 지금 그리스 진영은 몹시 소란스럽습니다. 지금 가셨다가는 큰일을 당하실지도 모릅니다. 그리고 도둑이라도 만나면 어떻게 하시렵니까? 제가 두 분을 안내하겠습니다. 저는 임금님을 친아버지처럼 생각하고 있으니 저를 믿어 주십시오."

"고맙소. 염치 없지만 부탁 좀 하겠소."

프리아모스가 허락하자, 헤르메스는 마차에 올라 말을 몰았다. 마차는 잠시 후, 아킬레우스의 막사 앞에 도착했다. 헤르메스가 지팡이로 아킬레우스의 부하들을 재웠기 때문에, 마차는 아무 문제 없이 막사로 들어갈 수 있었다. 막사 안으로 들어가자, 헤르메스는 프리아모스 왕을 깨웠다.

"나는 헤르메스 신이오. 제우스 신께서 나를 보내 당신을 안내하라고 하셨습니다. 이제 안으로 들어가서 아킬레우스를 만나세요. 테티스 여신의 이름을 부르며 헥토르의 시체를 돌려 달라고 해 보세요."

말을 마친 헤르메스는 연기처럼 사라져 버렸다.

프리아모스는 아킬레우스에게 다가가서 무릎을 꿇고, 아킬레우스의 손에 입을 맞추었다.

"아킬레우스 장군. 나는 트로이의 왕 프리아모스요. 아들을 잃은 이 늙은 아버지의 모습을 좀 보시오. 장군의 아버지는 승리의 기쁨을 안

고 돌아올 장군을 기다리고 계시겠지요. 그렇지만 나는 이제 아무런 희망이 없어요. 나는 훌륭한 아들 50명을 두었지만, 그 중 한 명도 남아 있지 않습니다. 이번 전쟁에서 내가 믿고 기대던 아들들이 모두 목숨을 잃었어요. 그래도 헥토르의 모습을 보며 슬픔을 삭이곤 했는데, 이제 헥토르마저도 장군의 손에 목숨을 잃고 말았군요. 아킬레우스 장군, 제발 부탁이니 헥토르의 시체를 돌려주시오. 아들의 몸값으로 보물을 가지고 왔습니다. 장군의 아버지를 생각해서라도 내 부탁을 거절하지 말아 주시오. 나는, 이 세상 사람 중 그 누구도 해 본 일이 없는 일까지 참고 견디며 하고 있어요. 내 아들을 죽인 사람의 손을 들어, 입술로 어루만지는 일까지 말이오."

프리아모스는 아킬레우스의 얼굴에 손을 갖다 댔다. 아킬레우스는 자신의 아버지 생각이 나서 가슴이 아파왔다. 두 사람은 죽은 사람을 생각하며 눈물을 흘렸다. 프리아모스는 아들 헥토르를 생각하며 아킬레우스 앞에 엎드려 울었고, 아킬레우스는 자기의 아버지를, 그리고 파트로클로스를 생각하며 울었다.

이윽고 마음이 진정되자, 아킬레우스는 프리아모스를 일으켰다.

"일어나세요. 왕께서는 많은 슬픔을 이겨 내셨군요. 왕께서 이 곳에 오신 것은 모두 신의 인도 덕분일 것입니다. 신의 도움이 없다면, 젊은 사람이라도 이 곳에 올 수 없었을 테니까요. 그렇지 않으면 어떻게 아들들을 모두 죽인 사람을 찾아올 수 있겠습니까? "

"나더러 앉으라고 하지 마시오. 내 아들 헥토르가 여기에 버려져 있는 동안은 말입니다. 어서 그 애를 돌려주십시오. 그리고 몸값으로 가져온 보물을 받아 주십시오. 아들이 보고 싶습니다."

그 말에 아킬레우스가 이마를 찡그리며 말했다.

"나는 이미 돌려주려고 마음먹었습니다. 그러니 나를 괴롭히지 마십시오. 그리고 더 이상 내 성미를 건드리지 말아 주십시오. 잘못하다가는 제우스 신의 명령을 거역하고 왕을 죽일지도 모릅니다."

프리아모스는 아무 말도 할 수가 없었다. 아킬레우스는 부하 장수 알키모스와 오트메논과 함께 밖으로 나가서, 망토 두 장과 옷 한 벌만 남기고 프리아모스가 가져온 선물을 내렸다.

그리고 헥토르의 시체를 깨끗하게 닦고, 향기로운 기름을 발라 주었다. 그리고 시체에 옷을 입혀서 마차에 실었다. 그는 헥토르의 상처입은 시체를 보여주고 싶지 않았던 것이다.

그렇게 되면 프리아모스가 슬픔을 참지 못해 분통을 터뜨릴지도 모르고, 또 그러면 아킬레우스 자신도 화를 참지 못하고, 제우스의 명령을 거역하게 될지도 모르기 때문이었다.

그는 깨끗해진 시체를 손수 들어서 관대에 놓았다. 그리고 파트로클로스의 이름을 불렀다.

"파트로클로스, 이제 몸값을 받고 헥토르를 아버지에게 돌려주었다는 사실을 하데스에게 듣게 되더라도 노여워하지 말게. 자네에게는 적절한 대가를 치르겠네."

준비를 끝낸 후, 아킬레우스는 막사로 들어가 프리아모스에게 말했다.

"이제 당신의 소원대로 되었습니다. 날이 밝으면 아들을 데려가도록 하십시오. 지금은 식사를 하세요. 아들을 트로이로 데려가시면 또 통곡해야 할 테니 기운을 좀 차리도록 하세요."

아킬레우스는 양을 잡아서 프리아모스에게 대접해 주었다.

"장군, 이제 누워서 잘 수 있게 해 주십시오. 내 아들이 세상을 떠난 후로 나는 편안하게 잠을 이룬 적이 없답니다."

아킬레우스는 잠자리를 마련해 주고, 털옷을 가져왔다.

"밖에서 주무셔야 하겠습니다. 이 곳으로 늘 고문이 찾아와서 회의를 하곤 한답니다. 왕의 모습이 그의 눈에 띈다면, 아가멤논 장군의 귀에 들어가게 될 것입니다. 그러면 왕께서는 목숨을 잃으실지도 모릅니다. 그건 그렇고, 장례를 치르는 데 며칠이나 걸릴까요? 그 동안 내가 여기에 머물며 군사들이 공격하는 것을 막겠습니다."

그러자 프리아모스가 말했다.

"헥토르의 장례식을 치르도록 허락해 주신다면 정말 감사하겠습니다. 우리 트로이는 도시가 복잡하고, 산도 멀리 있어서 나무를 베어 오는 데 오랜 시간이 걸립니다. 지금 생각으로는 9일 동안 집에서 애도를 하고, 10일째에는 매장하고 조문객들을 대접한 후, 11일째는 봉분을 만들려고 합니다. 그리고 12일째부터는 피할 수 없는 일이라면, 다시 싸움에 참여하겠습니다."

"알겠습니다. 이제 날이 밝을 때까지 좀 주무세요."

아킬레우스는 프리아모스 왕과 이다이오스를 침실로 안내했다. 헤르메스를 제외하고는 하늘이나 땅이나 모두 잠에 빠졌다. 헤르메스는 파수꾼들에게 들키지 않고 프리아모스를 데리고 나갈 방법을 찾느라 잠을 이룰 수가 없었던 것이다. 헤르메스는 프리아모스의 곁에 나타나 속삭였다.

"아무리 아킬레우스가 살려 준다고 해도, 이렇게 적진에서 잠이 들 수 있습니까? 이제 값비싼 몸값을 주고 헥토르를 돌려받기로 하셨습니다. 그렇지만 왕께서 아가멤논의 눈에 띄거나, 다른 그리스 군에게 발견되면 목숨을 잃을 수밖에 없습니다. 어서 떠나시오!"

깜짝 놀라 깨어난 프리아모스 왕과 이다이오스는 아무도 모르게 밖으로 나왔다. 그들은 서둘러 마차를 타고 트로이를 향해 떠났다. 돌아오는 길에도 헤르메스는 두 사람을 보호했다. 그 덕분에 두 사람은 아무런 위험 없이 트로이까지 돌아올 수 있었다.

새벽 무렵, 카산드라가 처음으로 마차를 발견했다. 그녀는 성 위로 올라가 소리쳤다.

"헥토르가 옵니다! 이 도시뿐 아니라 온 나라의 기쁨이었던 헥토르가 오고 있습니다!"

그러자 많은 사람들이 뛰어나와서 시체를 맞았다. 먼저 헥토르의 아내와 어머니가 마차 앞으로 나왔다. 그녀들이 슬픔에 잠겨 흐느끼자, 사람들은 통곡했다.

프리아모스는 사람들에게 말했다.

"길을 막지 말아라. 시체를 궁전 안으로 옮긴 후에도 얼마든지 애도할 수 있다."

헥토르의 시체는 훌륭한 관 위에 놓여졌다. 안드로마케는 남편의 머리에 팔을 얹고 애도했다.

"당신은 아직 젊은데 이렇게 세상을 떠나시니, 나는 이제 과부가 되었군요. 우리의 아들은 아직 젖먹이인데, 이 험한 세상을 어찌 살아갈까요? 아가야, 네 아버지는 이렇게 위대한 분이란다. 사람들이 모두 나와 아버지의 죽음을 슬퍼하고 있지 않니? 헥토르, 당신은 우리에게 큰 슬픔과 불행을 주셨어요. 그 누구보다 저에게는 깊은 슬픔으로 남을 거예요. 당신은 제 손을 잡아 주지도 않고, 소중히 간직할 말씀도 하지 않고 이렇게 세상을 떠났으니까요."

이번에는 헤카베가 말했다.

"내 아들 헥토르야, 살아 있을 때에는 신들께서 너를 아껴 주시더니, 죽은 지금에도 사랑해 주시는구나. 아킬레우스는 남은 네 형제들을 모두 저 바다 건너 섬으로 팔아 넘겼단다. 아킬레우스는 너를 죽인 후에도 자기의 친구 무덤 주위로 너를 끌고 다녔지만, 너는 이렇게 싱싱한 아침 이슬 같은 모습으로 여기 누워 있구나."

뒤이어 헬레네가 앞으로 나왔다.

"제가 오래 전에 죽었다면 이런 일이 없었을 것입니다. 저를 항상 아껴 주시던 아주버님께서 이렇게 떠나시니, 죄송한 마음을 어떻게 표현해야 할지 모르겠습니다. 트로이의 다른 사람들은 모두 저에게 진저리를 치지만, 아주버님만은 불행한 저에게 친절을 베풀어 주셨습니다. 이제 누가 저에게 따뜻한 말을 건넬까요?"

헬레네가 울면서 말하자, 사람들도 모두 통곡하며 그칠 줄을 몰랐다. 이번에는 프리아모스가 끼여들었다.

"자, 어서 가서 장작을 날라오라! 적들이 숨어 있을 것을 두려워하지 말아라. 아킬레우스는 우리가 장례식을 마칠 때까지 공격하지 않겠다고 약속했다."

프리아모스의 말이 끝나자, 사람들은 소와 나귀를 몰고 도시 앞으로 모였다. 그들은 9일 동안 수많은 나무를 모으고 열흘째가 되자 헥토르의 시체를 나무더미 위에 놓고 불을 질렀다.

다음 날 새벽, 사람들은 헥토르의 화장터로 모였다. 불이 타는 곳은 술로 끄고, 눈물을 흘리며 유골을 모았다. 이 유골은 황금 상자에 넣고, 비단으로 싼 뒤 구덩이에 묻었다. 그리고 그 위에는 큰 돌을 세웠다. 그들은 봉분을 올리면서도 그리스 군이 쳐들어올까 봐 사방을 감시했다.

마침내 무덤이 완성되자, 그들은 성 안으로 들어가서 성대한 추모 잔치를 열었다.

이렇게 헥토르의 장례식이 끝났다.

아킬레우스의 죽음

헥토르가 죽은 후, 트로이 군은 성 안에 머물며 밖으로 나오지 못했다. 다시 싸울 용기가 없었던 것이다. 그 때, 아마존 족의 여왕 펜테실레이아가 트로이를 돕기 위해서 왔다. 그리스 군은 아마존의 군대에 밀리고 있었다.

파트로클로스를 그리워하며 막사 안에만 있던 아킬레우스도 싸움에 나섰다. 그러자 그리스 군은 용기를 내서 아마존의 군대에 덤벼들었다. 펜테실레이아는 아킬레우스를 향해 달려왔다. 그녀는 아킬레우스에게 창을 세 번이나 던졌지만, 모두 방패에 맞아 튕겨 나갔다. 펜테실레이아가 네 번째로 창을 던졌을 때, 아킬레우스의 창은 그녀의 갈빗대 사이로 날아갔다.

펜테실레이아는 땅에 그대로 쓰러지고 말았다. 아킬레우스는 비록 적이었지만, 그녀의 용감한 행동에 감탄하지 않을 수 없었다. 아킬레우스는 그녀의 입술에 입맞추고, 시체와 무기를 아마존 족에게 보내 주었다. 펜테실레이아가 죽은 후, 트로이 군은 또다시 싸울 용기를 잃었다.

얼마 후, 새벽의 여신 에오스의 아들 멤논은 트로이를 돕기 위해 군대를 이끌고 왔다. 멤논의 아버지 티토노스는 프리아모스의 동생이었다. 그래서 티토노스는 멤논을 보내서 트로이를 돕게 한 것이었다.

멤논은 칼을 잘 쓰기로 유명했다. 그리스의 안틸로코스와 같은 장군들이 멤논의 칼 한번에 목숨을 잃을 정도였다. 안틸로코스는 아버지 네스토르에게 멤논의 칼날이 다가오자, 자신이 대신 죽음을 택했던 것이었다.

안틸로코스가 죽자, 아킬레우스는 어머니의 충고에도 불구하고 멤논에게 달려갔다.

테티스는 아킬레우스에게, 멤논에게 대항하지 말라는 경고를 했었다. 멤논을 죽이고 나면, 아킬레우스가 죽을 차례가 오기 때문이었다. 그러나 파트로클로스에 이어서 절친한 안틸로코스까지 죽자 아킬레우스는 참을 수가 없었다. 아킬레우스가 멤논을 찾았을 때, 멤논은 아이아스와 싸우고 있었다.

"아이아스 장군, 내가 멤논을 처치하겠습니다!"

아킬레우스는 멤논에게 달려들었다. 그러나 몇 시간이 지나도 승부는 나지 않았다. 두 사람은 상처를 입고도 계속 싸울 뿐이었다. 테티스와 에오스는, 제우스에게 자신의 아들이 이길 수 있게 해 달라고 빌었다. 그렇지만 제우스도 운명은 바꿀 수가 없었다. 결국 멤논이 아킬레우스 앞에서 쓰러지고 말았다. 에오스는 재빨리 달려가 아들을 안고 하늘로 올라갔다.

아킬레우스는 사방을 뛰어다니며 트로이 군을 닥치는 대로 죽였다. 아킬레우스가 잠시 쉬려고 할 때, 포세이돈의 아들 키로스가 아킬레우스에게 달려들었다. 몹시 화가 난 아킬레우스는 키로스에게 창을 던졌다. 창은 키로스의 목을 스치고 지나갔다. 그렇지만 키로스는 너무 놀라 그 자리에 주저앉고 말았다.

"네가 나를 죽이기라도 하겠다는 거냐?"

아킬레우스는 칼을 빼들고 키로스에게 다가갔다. 그러나 아킬레우스가 키로스를 찌르려는 순간, 포세이돈은 키로스를 백조로 변하게 해서 멀리 날려보냈다.

트로이 군은 아킬레우스에게 쫓기느라 제대로 공격을 할 수도 없었다. 모두들 성 안으로 들어가느라 정신이 없었다. 아폴론이 아킬레우스의 앞을 막지 않았더라면, 아킬레우스는 혼자 힘으로도 트로이를 무너뜨릴 수 있었을 것이다.

화가 난 아킬레우스는 아폴론에게까지 도전했다. 그러자 아폴론은 파리스에게 아킬레우스를 쏘라고 명령했다.

헥토르가 죽은 후 총사령관을 맡고 있던 파리스는 아킬레우스가 가까이 오기만을 기다렸다. 아킬레우스가 성 가까이 다가오자, 파리스는 독약을 바른 화살을 아킬레우스를 향해 쏘았다.

아폴론의 인도를 받은 화살은, 아킬레우스의 발뒤꿈치에 꽂혔다. 아킬레우스의 몸 가운데에서 발뒤꿈치는 유일하게 상처를 입을 수 있는 곳이었던 것이다.

테티스 여신은 아킬레우스가 태어났을 때, 그를 불사신으로 만들기 위해서 스틱스 강에 담갔다. 그러나 그녀가 잡고 있었던 발뒤꿈치만은 강물에 닿지 않았던 것이다.

아킬레우스는 트로이 전쟁에서 용감하게 싸우기는 하지만, 살아서 돌아오지 못할 것이라는 예언처럼 목숨을 잃고 말았다.

아킬레우스가 죽자, 그리스 군은 자신감을 잃었다. 트로이를 무너뜨리는 일은 불가능한 일이라고만 생각되었다.

그러나 아킬레우스의 시체를 차지하기 위해 싸움은 계속되었다. 아이네이아스는 군대를 이끌고 왔고, 아이아스와 오디세우스는 그들을 막아 내려고 애썼다.

글라우코스는 아킬레우스의 시체를 밧줄로 묶어서 끌기 시작했다. 그러나 아이아스는 글라우코스에게 창을 던져서 목숨을 잃게 만들었다.

하루 종일 싸움은 계속되었다. 이 모습을 지켜보던 제우스는 아킬레우스가 가엾었다. 그래서 그는 폭풍을 내려 보내서 싸움이 중단되도록 했다. 그 틈에 아이아스와 오디세우스는 아킬레우스의 시체를 막사로 옮겨왔다.

그리스 군은 17일 동안 아킬레우스를 애도했다. 테티스 여신과 50명

의 네레이스가 바다에서 올라와 통곡했으며, 뮤즈들이 내려와서 아킬레우스를 위한 송가를 불러 주었다. 그리고 18일째 되는 날에는 높게 장작을 쌓고 그를 안치했다. 수많은 짐승과 함께 화장한 후, 그의 뼈를 파트로클로스의 뼈를 담은 황금 단지에 넣었다. 그리고 헬레스폰토스 해협을 지나는 모든 배들이 보고 두 사람을 기억할 수 있도록 높게 봉분을 쌓았다.

그리고 장례 경기가 열렸다. 테티스는 바닷속에서 가져온 것들을 우승한 사람들에게 나누어 주었다.

그 후, 테티스 여신은 아들의 갑옷을 그리스의 군사들 중에서 가장 용맹스러운 사람에게 주라고 명령했다. 많은 군사들 중에서 오디세우스와 아이아스가 갑옷을 두고 다투게 되었다. 두 사람의 싸움이 점점 심해지자, 아가멤논은 가만히 두고 볼 수만 없었다.

아가멤논은 여러 장군들을 불러 의견을 물었다. 누가 더 낫다고 결론을 내리기 힘든 상황이었다. 그래서 장군들은 제비뽑기를 하기로 했다. 그런데 아가멤논과 메넬라오스가 결과를 바꿔 놓았다. 아이아스가 이겼는데 오디세우스가 이겼다고 했던 것이다. 아킬레우스의 갑옷은 오디세우스에게로 돌아갔다.

"정말 고맙습니다! 고맙습니다."

오디세우스는 갑옷에 입을 맞추며 기뻐했다. 그러나 갑옷의 주인이 자신이었다는 것을 알게 된 아이아스는 화를 참을 수가 없었다.

'나를 무시하다니! 가만두지 않겠어.'

한밤중이 되자, 아이아스는 칼을 들고 아가멤논과 메넬라오스를 죽이러 갔다. 아가멤논과 오디세우스가 신의 보살핌을 받고 있다는 것을 알지 못했던 것이다.

아테나는 아이아스를 미치게 했다. 아이아스는 외양간으로 뛰어들어갔다.

"이놈들아! 내 칼을 받아라!"

아이아스는 양 두 마리를 죽이고 말았다.

다음 날 아침, 정신을 차린 아이아스는 자신이 무슨 짓을 저질렀는지 알 수 있었다.

'나 같은 사람은 부하를 거느릴 자격이 없어. 정말 부끄럽구나.'

괴로워하던 아이아스는 자신의 배를 찔러서 자살하고 말았다. 아이아스의 피는 땅 속으로 스며들어 히아신스라는 꽃을 피웠다. 그 꽃잎에는 아이아스라는 이름 중 아이(Ai)라는 글자가 새겨져 있었다. '아이'라는 말은 그리스어로 '비애'라는 뜻이다.

그가 죽은 후에도 아가멤논과 메넬라오스는, 장례식을 치러 주지 않으려고 했다. 그러나 오디세우스의 강력한 항의 덕분에, 아이아스의 장례식을 치를 수 있게 되었다. 아이아스는 아킬레우스의 무덤 옆에 묻혔다.

아이아스마저 죽자, 그리스 군은 점점 더 활기를 잃어갔다. 그런 군사들을 보며 오디세우스는 용기를 불어넣어 줄 수 있는 방법을 궁리했다. 오디세우스는 칼카스를 불러 신탁을 들어 보려고 했다.

"이제 제 예언력도 아무 소용이 없습니다. 이 전쟁에 대한 신탁은 프리아모스의 아들 헬레노스가 알고 있을 것입니다."

세 가지 신탁

어느 날, 오디세우스는 헬레노스를 잡을 수 있었다. 그는 아폴론에게서 예언하는 법을 배웠다.

"트로이의 멸망에 대해서 내려진 신탁을 모두 말해라. 그렇지 않으면 너는 살아남을 수 없을 것이다!"

헬레노스는 바들바들 떨며 신탁에 대해 이야기하기 시작했다.

"모두 세 가지 신탁이 있습니다. 첫 번째는, 헤라클레스가 필로크테테스에게 준 화살이 없으면 무찌를 수 없다. 두 번째는, 아킬레우스의 아들 네오프톨레모스가 돕지 않으면 무너지지 않는다. 마지막은, 아크로폴리스에 있는 아테나 신전에 세워진 여신의 성상을 손에 넣지 않으면 트로이를 무너뜨릴 수 없다는 것입니다."

오디세우스는 장군들에게 신탁에 대해서 이야기했다.

"하루라도 빨리 전쟁이 끝날 수 있도록 제가 이 세 가지를 챙기겠습니다."

오디세우스는 먼저 네오프톨레모스를 데리러 갔다. 아킬레우스가 리코메데스의 궁전에서 지낼 때였다. 아킬레우스는 리코메데스의 딸 데이아메이아와 사랑에 빠졌고, 아킬레우스가 떠난 후 데이아메이아는 아들을 낳았던 것이다. 오디세우스는 리코메데스를 설득해서, 네오프톨레모스를 쉽게 데려올 수 있었다.

그리고 오디세우스는 네오프톨레모스와 함께 렘노스 섬으로 갔다. 오래 전 그리스 군은 상처를 입은 필로크테테스를 렘노스 섬에 버리고 떠났다. 필로크테테스가 뱀에게 물린 상처는 좀처럼 낫지 않았고, 고약한 냄새까지 났기 때문에 그리스 군은 그를 버렸던 것이다. 두 사람이 렘노스 섬에 도착해 보니, 필로크테테스는 아직도 상처가 낫지 않아서 고생하고 있었다.

"필로크테테스, 우리를 용서해 주시오. 그리고 우리와 함께 가서 트로이를 무찌릅시다!"

마침내 필로크테테스는 서운했던 감정을 풀고, 그리스 군에 합류했다. 필로크테테스가 돌아오자, 병을 잘 고치는 마카온이 그의 상처를 깨끗하게 치료해 주었다.

오디세우스는 자신이 갖고 있던 아킬레우스의 무기를 네오프톨레모스에게 주었다.

"네 아버지 아킬레우스 장군이 쓰던 것들이다. 아버지만큼 훌륭한 장군이 될 수 있겠지?"

그리스 군은 다시 트로이를 공격하기 시작했다.

"자, 이제 우리에게는 헤라클레스의 화살이 있다! 승리의 그 날까지 용기를 잃지 말고 힘껏 싸우자!"

헤라클레스의 화살에 처음 목숨을 잃은 사람은 바로 파리스였다. 필로크테테스는 상처가 낫자, 파리스와 맞붙게 되었다. 필로크테테스에게 헤라클레스의 독화살이 있다는 것을 알지 못한 파리스는, 필로크테테스의 도전을 받아들였던 것이다.

파리스가 화살 세 개를 쏘았다. 그러나 그것들은 모두 빗나가 버렸다. 필로크테테스도 화살 세 개를 쏘았다. 첫 번째는 빗나갔지만, 두 번째는 파리스의 활 손잡이에 맞았고, 세 번째는 파리스의 발목에 맞았다. 화살에 묻어 있는 히드라의 독은 파리스의 몸 속으로 흘러들어갔다.

견디기 힘든 고통 속에서 파리스는 오이오네를 생각해 냈다. 파리스는 오이오네를 찾아가서 상처를 치료해 달라고 애원했지만, 오이오네는 그의 부탁을 거절했다. 자신의 마음을 짓밟은 파리스가 미웠던 것이다.

하지만 그녀의 마음속에는 여전히 파리스에 대한 사랑이 남아 있었다.

"파리스, 조금만 기다려요. 내가 치료해 줄게."

오이오네는 깊이 후회하며 파리스를 찾아갔다. 그러나 파리스는 이미 세상을 떠난 후였다. 슬픔에 잠겨 있던 오이오네는 결국 자살하고 말았다.

파리스가 죽자, 헬레노스와 데이포보스가 헬레네를 차지하기 위해 싸움을 벌였다.

"저는 다시 결혼하고 싶지 않아요. 내 딸에게 돌아가겠어요."

헬레네는 몰래 달아나려고까지 했다. 그러나 데이포보스에게 잡혀서 그와 강제로 결혼하게 되었다.

네오프톨레모스는 트로이를 돕고 있는 미시아의 에우리필로스와 싸우게 되었다. 에우리필로스의 아버지는 텔레포스였다. 에우리필로스는 그리스 군을 많이 죽였는데, 그 중에는 아스클레피오스의 아들 마카온도 있었다.

네오프톨레모스는 틈을 주지 않고 에우리필로스를 공격했다. 결국 에우리필로스는 네오프톨레모스에게 목숨을 빼앗기는 신세가 되고 말았다.

팔라디온

"자, 이제 남은 것은 팔라스 아테나 성상인데……. 무슨 방법이 없을까?"

오디세우스는 조용히 생각에 잠겼다. 얼마 후, 그는 한 가지 방법을 생각해 냈다.

"디오메데스 장군, 내 이야기를 좀 들어 보시오."

오디세우스는 디오메데스에게 자신의 생각을 이야기했다. 그리고 곧 준비를 시작했다. 누더기를 걸치고 온몸을 채찍으로 내리쳤다. 거지로 변장해서 성으로 들어가려는 것이었다.

오디세우스는 트로이 사람들 사이를 뚫고 성 안으로 들어갔다. 그는 자신이 그리스 군에게 잡혀서 고문을 받다가, 간신히 탈출했다고 했다.

사람들은 모두 그의 말을 믿고, 그를 동정했다.

　오디세우스의 이야기는 헬레네에게까지 들어갔다. 헬레네는 오디세우스가 예사롭지 않다는 것을 알 수 있었다. 그래서 그녀는 여러 가지 질문을 해서 그의 정체를 밝히려고 했다. 오디세우스가 이리저리 질문을 피해가자, 헬레네는 사람들에게 오디세우스를 궁전으로 데리고 가서 보살피겠다고 했다.

　"자, 어서 목욕을 하고 상처를 치료하세요. 이 옷으로 갈아입으시고요."

　깨끗한 모습으로 나타나자, 헬레네는 그가 오디세우스라는 것을 알 수 있었다.

　"아무 걱정 마세요. 당신이 무슨 일을 하건 난 상관하지 않을 테니까요. 나도 이젠 여기 잡혀 있는 몸이잖아요. 내 도움이 필요하면 도와드릴게요."

　"아닙니다. 저 혼자 하겠습니다."

　밤이 되자, 오디세우스는 다시 누더기를 걸치고 아테나 신전으로 갔다. 팔라디온이라고 불리는 성상을 지키는 파수병이 잠들어 있어서, 그들은 쉽게 팔라디온을 훔칠 수 있었다. 아테나 여신이 파수병을 잠들게 했던 것이다.

　목숨을 걸고 팔라디온을 훔쳐 왔지만, 트로이는 무너지지 않았다.

　"이게 뭡니까?"

　"신탁이니 예언이니 하는 건 믿을 수가 없다니까요!"

　그리스 군의 사기는 점점 떨어졌다.

　오디세우스는 장군들을 불러 말했다.

　"여러분! 우리가 트로이를 무너뜨린다는 것에 대해서는 의심하지 마십시오. 그렇지만 무력으로만은 트로이를 무너뜨릴 수 없습니다. 저

는 오늘에서야 그 사실을 깨달았습니다. 그래서 한 가지 꾀를 생각해 냈습니다. 여러분께서 도와주신다면 반드시 트로이를 무찌르겠습니다."

오디세우스의 계략을 들은 장군들은 입을 모아 찬성했다.

트로이의 목마

오디세우스가 생각한 것은 목마였다. 커다란 목마를 만들어서 그 안에 군사들을 숨기고, 성 안으로 들어가 공격한다는 것이었다.

목마를 만드는 일은 겁쟁이 에페이오스가 맡았다. 그는 지금까지 단한 번도 싸움에 나선 적이 없었다.

"에페이오스, 이제 당신이 나설 때가 왔소. 목마를 만들어 주시오!"

에페이오스는 나무를 베어 오게 해서, 며칠 만에 커다란 목마를 만들어 냈다.

목마가 완성되자, 그리스 군은 성벽 가까이로 목마를 끌고 갔다. 그리고 40명을 뽑아서 목마 안에 들여보냈다. 그중에는 그리스의 이름난 장군들이 모두 있었다. 그리고 에페이오스도 마지막으로 들어갔다. 목마의 문을 열고 닫는 방법을 아는 사람은 그뿐이었으므로, 에페이오스가 꼭 필요했던 것이다.

목마가 준비되자, 그리스 군은 진지를 불태우고, 각자 배로 돌아가서 트로이를 떠나는 것처럼 돛을 올리고 출발했다. 트로이 군은 성 위에서 그리스 군이 떠나는 모습을 보았다.

"저 그리스 놈들이 도망치고 있다! 우리가 이겼다!"

트로이 군은 기뻐하면서 성문을 활짝 열었다. 트로이 사람들은 성 밖으로 쏟아져 나왔다.

"그래도 안심할 수 없다. 그리스 진지를 살펴보자!"

그리스의 진지에는 아무것도 남은 것이 없었다.

"완전히 떠났구나! 겁을 먹고 도망친 거야!"

"잔치를 열자!"

트로이 사람들은 10년간의 길고 지루한 전쟁이 끝난 것을 기뻐하며 잔치 준비를 서둘렀다.

그런데 그리스의 진지 가운데에는 목마가 남아 있었다.

"왜 이런 것을 만들었을까?"

"어쨌든 성안으로 끌고 가자고!"

"함부로 가지고 들어갔다가 무슨 일이라도 생기면 어떡하려고?"

사람들은 그 목마를 둘러싸고 이런저런 말이 많았다. 그 때 포세이돈의 사제 라오콘이 나타나서 말했다.

"그리스 군을 조심해야 한다는 사실을 잊었소? 마지막까지도 마음을 놓을 수 없는 것이 바로 그리스 군이오. 저 목마에 무슨 흉계가 숨어 있을지 알 수가 없군요."

라오콘은 목마의 옆구리에 창을 찔러 넣었다. 그러자 목마에서는 신음 소리 같기도 하고, 속이 울리는 소리 같기도 한 이상한 소리가 났다. 목마 안에 있던 병사들은 겁에 질렸다. 에페이오스는 목마를 만든 것을 후회하며 눈물을 보였다. 그러나 네오프톨레모스는 당장 나가서 트로이 사람들을 공격하자고 했다. 그러자 오디세우스가 말했다.

"아니다, 원래 계획대로 한밤중에 나가도록 하자."

"수상하다!"

"저 목마를 부숴 보자!"

사람들은 목마를 향해 달려들려고 했다. 그 때, 사람들이 그리스 인으로 보이는 사람을 끌고 왔다. 그는 그리스 군에게 신호를 보내기 위해서 남은 시논이었다. 트로이 사람들이 목마를 부수거나 태우지 않도록 하는 것이 그의 임무이기도 했다.

"이놈이 숲 속에 숨어 있었습니다."

프리아모스는 그를 다그쳐 물었다.

"너는 누구인데 이 곳에 있느냐?"

"저는 시논이라는 그리스 사람입니다. 오디세우스 장군에게 미움을 사서 이 곳에 버려졌습니다. 제가 팔라메데스의 죽음에 대한 비밀을 알고 있기 때문에, 오디세우스 장군은 저를 미워했습니다. 그는 무사히 고향에 돌아가려면 신들에게 누군가를 바쳐야 한다면서, 그 제물로 저를 추천했습니다. 그런데 마지막에 저절로 바람이 불어서 불이 꺼지고, 혼란스러운 틈을 타서 이렇게 도망쳤습니다. 제발 살려 주십시오!"

"우리가 묻는 말에 정직하게 대답하면 살려 주겠다. 그렇지만 조금이라도 거짓이 있을 때에는 너는 무사하지 못할 것이다."

프리아모스는 시논을 노려보며 말했다.

"제가 아는 것은 무엇이든지 말씀드리겠습니다. 제발 살려만 주십시오!"

프리아모스는 시논을 쏘아보며 물었다.

"그리스 군은 왜 갑자기 철수를 했느냐?"

"아테나 여신의 노여움을 샀기 때문입니다. 팔라디온을 훔친 이후, 아테나 여신은 그리스 군을 돌보지 않았습니다. 칼카스는 아테나 여신께서 우리를 돌보지 않으시므로, 트로이를 무너뜨릴 수 없다고 했습니다. 그래서 모두 고향으로 돌아가기로 했습니다."

"그렇다면 이 목마는 왜 만든 것이냐?"

"그것은 아테나 여신께 바치기 위해서입니다. 아테나 여신께서 그리스 군을 돌보지 않으신다면, 무사히 그리스로 돌아갈 수 없다고 생각했던 것입니다."

"그런데 왜 이렇게 크게 만들었지?"

"그 이유는 트로이 사람들이 쉽게 가져갈 수 없도록 하기 위해서였습니다. 성문보다도 더 큰 목마를 어떻게 성 안으로 들여가겠습니까? 그리고 목마가 트로이로 넘어가면, 트로이가 승리한다는 칼카스의 예언이 있었습니다. 목마가 트로이 성 안으로 들어가면, 트로이는 미케네를 정복하고 온 그리스를 지배하게 된다고 합니다. 그렇지만 이 목마를 부수면 트로이도 사라질 것입니다."

그제야 사람들의 의심은 풀렸지만, 장군은 여전히 시논을 믿을 수 없었다.

"너는 장군들의 계략까지 어떻게 그토록 자세히 알 수 있었느냐?"

"저는 오디세우스 장군의 직속 부하였습니다. 그래서 오디세우스 장군이 계획하시는 일을 모두 알 수 있었습니다. 팔라디온을 훔친 것도, 목마를 만든 것도 모두 오디세우스 장군이 꾸민 일입니다."

"하하하! 이제 오디세우스의 콧대를 눌러 주는 일만 남았군."

프리아모스와 트로이 사람들은 그리스의 계략을 알게 된 것을 기뻐했다. 그리고 목마를 성 안으로 옮기기로 결정했다.

그런데 이상한 일이 일어났다. 바다에서 큰 뱀 두 마리가 나타난 것이다.

"저, 저기 좀 봐!"

사람들은 사방으로 흩어져 달아났다. 그런데 뱀은 라오콘과 아들 둘이 서 있는 곳으로 다가왔다. 그러더니 라오콘의 아들들을 먼저 공격했다. 서서히 몸을 감고, 얼굴에 독기를 뿜었다.

"아버지, 살려 주세요!"

라오콘은 아들들을 구하려고 했지만, 그 자신도 뱀에게 잡혀서 죽고 말았다.

이 모습을 본 사람들은 수군거렸다.

"라오콘이 신성한 목마를 창으로 찔렀기 때문에 이런 일을 당한 거야."

"맞아. 신들께서 라오콘에게 벌을 내리신 거라고!"

사람들은 이제 아무 의심도 없이 목마를 신성한 것으로 여기게 되었다.

"자, 어서 목마를 옮기자!"

사람들은 목마를 성 안으로 옮기기 시작했다. 그런데 목마가 얼마나 무거웠던지, 가는 도중에 네 번이나 쉬어야 했다. 또 너무나 컸기 때문에 성벽을 약간 허물어야만 했다.

목마가 성 안으로 들어오자, 곧 성대한 잔치가 벌어졌다. 오랜 전쟁에 시달렸던 트로이 사람들은, 그 동안의 고통을 모두 잊으려는 듯 하루 종일 먹고 마시며 즐거운 시간을 보냈다. 그러나 단 한 사람, 카산드라는 사람들과 기쁨을 나눌 수가 없었다.

"목마를 들이면 안 된다! 목마가 들어오면 트로이는 망하고 말 거야!"

그렇지만 그 누구도 카산드라의 말에 귀를 기울이지 않았다. 사람들이 모두 잠들자, 시논은 살그머니 빠져 나왔다. 그는 목마로 다가가서 똑똑 두드려 신호를 했다.

그러자 목마의 뱃속에 숨어 있던 그리스의 군사들이 쏟아져 나왔다. 그들은 바다를 향해 횃불을 치켜들었다. 이를 보고, 트로이 부근의 섬에 숨어 있던 그리스 군들도 횃불을 밝혀 대답하고, 트로이를 향해 배를 몰았다.

그리스 군이 모두 모이자, 아가멤논은 공격 명령을 내렸다. 그리스 군은 소리를 지르며, 트로이 성을 공격하기 시작했다. 그 때, 트로이의 아이네이아스는 진지에서 멀리 떨어진 곳에서 자고 있었다. 그런데 그의 꿈에 헥토르가 나타나서 눈물을 흘리며 말했다.

"아이네이아스, 어서 일어나시오! 지금 트로이는 위기에 처했소. 어서
　일어나 트로이를 지키시오!"

아이네이아스는 깜짝 놀라 잠에서 깨어났다. 그는 서둘러 성으로 달려갔다. 아이네이아스는 눈앞에 펼쳐진 광경을 보고 그대로 주저앉고 말았다. 성은 불타고 있었고, 여기저기에 목숨을 잃은 사람들이 널려 있었다.

잠시 후, 아이네이아스는 정신을 차리고 궁전으로 달려갔다. 왕자와 왕비, 공주들은 제단 앞에 앉아 기도만 올리고 있었다. 그러나 프리아모스 왕은 황금 갑옷을 입고 밖으로 나왔다.

"나도 그리스 군과 싸우겠다. 내 나라를 지켜야 한다!"

그 때, 네오프톨레모스가 궁전에까지 들어왔다. 프리아모스 왕의 막내아들 폴리테스가 마지막 힘을 다해 싸웠지만, 그는 결국 네오프톨레모스의 창에 찔려서 죽고 말았다.

그 모습을 본 프리아모스 왕이 소리쳤다.

"너는 신의 벌이 무섭지도 않단 말이냐? 어떻게 신의 제단을 피로 물들이고, 내가 지켜보는 앞에서 왕자를 죽일 수가 있단 말이냐? 너희들이 존경하는 아킬레우스도 제단 앞에서는 불손한 행동을 하지 않았단 말이다!"

프리아모스 왕은 네오프톨레모스를 향해 창을 던졌다. 그러나 창은 힘없이 떨어지고 말았다.

"당신 아들이 외롭지 않도록 당신도 보내 드리겠소. 잘 가시오!"

네오프톨레모스는 프리아모스 왕의 가슴을 창으로 찔렀다.

얼마 후, 트로이 성은 그리스 군의 함성으로 가득 찼다. 이제 완전히 트로이를 점령한 것이다.

메넬라오스는 헬레네를 찾아 다녔다. 그는 헬레네의 방 앞에서 헬레네와 결혼한 데이포보스를 만나게 되었다.

"너는 그렇게도 전쟁을 원하더니, 헬레네와 결혼까지 했단 말이냐?"

메넬라오스는 데이포보스를 향해 달려들었다. 데이포보스는 창을 던지며 대항했지만, 메넬라오스의 손에 목숨을 잃고 말았다. 메넬라오스는 헬레네의 방 안으로 들어갔다. 그 동안의 치열한 전쟁과 고통이 머릿속에서 스쳐지나갔다. 메넬라오스는 헬레네도 죽일 작정이었다. 메넬라오스가 칼을 들고 방 안으로 들어갔을 때, 헬레네는 잘못을 뉘우치고 죽음을 기다리고 있었다.

"나를 용서하세요! 당신께 너무나 많은 잘못을 저질렀어요. 어서 나

를 죽여 주세요."

헬레네의 모습을 본 메넬라오스는 지난날의 행복했던 때를 떠올렸다. 그러자 그는 헬레네를 차마 죽일 수가 없었다.

"헬레네, 나와 함께 갑시다!"

프리아모스의 아들들과 트로이 군은 모두 목숨을 잃었다. 아이네이아스는 늙은 아버지와 가족들을 데리고, 어머니 아프로디테의 신전으로 달아났다. 카산드라는 아가멤논의 노예가 되었으며, 헤카베는 오디세우스에게로, 안드로마케는 피로스의 노예가 되었다. 헥토르의 어린 아들도 살아남을 수 없었다. 그리스 군은 프리아모스의 자손은 아무도 남겨 두지 않을 생각이었던 것이다.

그리스 군은 프리아모스의 궁전에 있는 보물을 닥치는 대로 약탈했다. 그리고 아무것도 남지 않게 되자, 불을 지르기 시작했다. 이제 트로이 땅에서 보이는 것이라고는 시커먼 잿더미뿐이었다. 헤라와 아테나는 그렇게도 원하던 일을 이룬 것이다.

작품 알아보기
(장편문학)

〈트로이의 목마〉의 원래 제목은 〈일리아스〉로, 이 이야기는 10
년간의 트로이 전쟁 중 마지막 해에 일어난 사건들을 집중적으
로 다루고 있다.

어느 날, 트로이의 왕비 헤카베는 트로이가 불길에 휩싸이는
꿈을 꾸게 되는데, 이에 대한 신탁을 들어 본 결과, '새로 태어
난 왕자에 의해 트로이가 멸망하고 말 것'이라는 내용이었다.
무시무시한 신탁에 의해 부모로부터 버림을 받은 왕자 파리스
는 이다 산의 양치기로 자라게 된다.

트로이 전쟁은 파리스가 스파르타의 왕비 헬레네를 납치하면
서 시작된다. 헬레네는 백조로 변한 제우스와 레다 사이에서
태어난 여자로, 신탁은 이미 '헬레네를 결혼시킬 때 신중하지
않으면 끔찍한 전쟁이 일어날 것'이라고 경고한 바 있다. 신탁
의 내용은 그대로 현실이 되고 만다.

스파르타를 방문한 파리스는 헬레네에게 사랑을 느끼게 되고,
메넬라오스가 궁전을 비운 사이, 두 사람은 몰래 궁전을 빠져
나온다.

아내를 빼앗긴 메넬라오스는 형 아가멤논을 총사령관으로 한
그리스 연합군을 조직하여 트로이로 출정을 하게 되지만, 트로

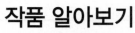

작품 알아보기
(장편문학)

이의 성은 굳게 닫힌 채 열릴 줄을 모른다.

전쟁이 10년 동안이나 계속되자, 그리스 연합군은 커다란 목마 안에 병사들을 숨겨 놓고 철수한 것처럼 행동한다. 트로이 사람들이 승리의 기쁨에 도취되어 있는 사이, 목마 안에서 나온 그리스 연합군이 트로이 성을 점령하게 된다.

여러 가지 비유로 자연계와 인간계의 관계를 특색 있게 묘사한 이 작품은 그리스의 국민적 서사시로 자리매김하였으며, 이후 유럽 문학에도 많은 영향을 끼쳤다.

논술 길잡이
(장편문학)

❶ 프리아모스 왕의 아들 파리스는 무시무시한 '신탁'에 의해
부모로부터 버림을 받고, 이다 산의 양치기로 자라게 된다.
신탁의 내용은 어떤 것이었는지 구체적으로 써 보자.

....

....

....

....

....

❷ 트로이 전쟁에서 파리스가 아프로디테 여신의 도움을 받게
된 이유를 '황금 사과' 이야기와 관련지어 써 보자.

....

....

....

....

....

논술 길잡이
(장편문학)

❸ 다음은 파리스와 헬레네가 처음 만나는 장면이다. 두 사람은 자신들에게 닥칠 불행에 대해 전혀 예감하지 못한다. 사랑에 빠진 두 사람이 이후 어떤 행동을 하게 되며, 그것이 불러오는 결과에 대해 논술하라.

> 얼마 후, 파리스의 함대는 스파르타에 도착했다.
> "어서 오십시오. 멀리까지 오시느라 고생하셨습니다."
> 메넬라오스는 무척 기뻐하며 파리스를 맞았다. 그 옆에는 아름다운 왕비 헬레네가 자리를 지키고 있었다.
> '듣던 대로 무척 아름답구나.'
> 파리스의 가슴은 헬레네에 대한 사랑으로 터질 것만 같았다. 그것은 헬레네도 마찬가지였다. 아프로디테의 아들 에로스가 그녀에게 화살을 쏘았던 것이다.

논술 길잡이
(장편문학)

❹ 트로이 전쟁에 나가지 않기 위해 영웅 오디세우스와 아킬레우스는 꾀를 부리게 되는데, 이들이 취한 행동과 그 원인을 서술하라.

등장 인물	행　동	원　인
오디세우스		
아킬레우스		

논술 길잡이
(장편문학)

❺ 아래 장면은 아킬레우스가, 파리스가 쏜 독화살에 발뒤꿈치를 맞고 죽게 되는 장면이다. 여기에서 '아킬레스 건'이라는 표현이 유래되었는데, 그 배경을 아킬레우스의 어머니인 테티스와 관련지어 써 보자.

헥토르가 죽은 후 총사령관을 맡고 있던 파리스는 아킬레우스가 가까이 오기만을 기다렸다. 아킬레우스가 성 가까이 다가오자, 파리스는 독약을 바른 화살을 아킬레우스를 향해 쏘았다.

아폴론의 인도를 받은 화살은, 아킬레우스의 발뒤꿈치에 꽂혔다. 아킬레우스의 몸 가운데에서 발뒤꿈치는 유일하게 상처를 입을 수 있는 곳이었던 것이다.

....

....

....

....

논술 길잡이
(장편문학)

❻ 다음 그림은 트로이 전쟁의 마지막 장면을 생생하게 묘사하고 있다. 트로이 사람들이 전쟁에서 지게 된 결정적인 이유는 무엇인지 논술하라.

논·술·세·계·대·표·문·학 〈전60권〉

펴 낸 이	정재상
펴 낸 곳	훈민출판사
주　　소	경기도 고양시 덕양구 원당동 416번지
대 표 전 화	(031)962-3888
팩　　스	(031)962-9998
출 판 등 록	제395-2003-000042호